ISBN-13: 9798865559450

Design da capa por: Pintor de arte
Número de controle da Biblioteca do Congresso: 2018675309

Impresso nos Estados Unidos da América

Gostaria de expressar minha mais profunda gratidão a todos que tornaram possível a realização deste livro. Em primeiro lugar, a Deus, pelo dom da vida, do conhecimento e pela força que me impulsiona todos os dias.

Um agradecimento especial à minha mãe, Rosangela, a rocha sólida sobre a qual construí minha vida e carreira. Sua força, amor e apoio incondicional têm sido minha maior inspiração.

Aos meus queridos alunos do curso de medicina, vocês são a razão da minha dedicação e a prova viva de que a educação pode transformar vidas. Obrigado por serem uma fonte contínua de motivação e aprendizado.

Agradeço também aos meus amigos Jackson, Webertty, Juliane, Amélia, Karol, Felipe Gomes e Janaína. Cada um de vocês, de uma forma única, trouxe alegria, apoio e colaboração indispensáveis à minha vida pessoal e profissional.

Por último, mas não menos importante, meu mais sincero agradecimento ao Marcelo, onde presença e encorajamento foram o combustível para as longas horas de pesquisa e escrita.

A todos vocês, meu mais profundo obrigado.

"O cérebro é mais vasto que o céu.

EMILY DICKINSON

ÍNDICE

CAPÍTULO 1: O TEATRO DA MENTE - COMO APRENDEMOS E POR QUE ESQUECEMOS

Imagine que você pudesse assistir a uma peça teatral onde os atores fossem neurônios, o palco fosse seu cérebro, e o roteiro fosse escrito a cada momento pela própria experiência de viver. Essa não é uma metáfora fantasiosa, mas uma descrição surpreendentemente precisa do que acontece em sua mente neste exato instante. Enquanto você lê estas palavras, aproximadamente 86 bilhões de neurônios estão executando uma coreografia complexa que transformará estas marcas no papel em pensamentos, compreensão e, eventualmente, memórias duradouras.

A neurociência do aprendizado nos revela uma verdade fundamental: não somos recipientes passivos de informação, mas arquitetos ativos da nossa própria compreensão. Cada vez que aprendemos algo novo, não estamos simplesmente adicionando um item a um inventário mental. Estamos literalmente remodelando a estrutura física do nosso cérebro, criando novas conexões sinápticas e fortalecendo caminhos neurais que influenciarão todos os nossos pensamentos futuros.

Considere o que aconteceu quando você aprendeu a ler. Não foi um processo simples de memorização de símbolos e sons. Seu cérebro teve que desenvolver uma capacidade inteiramente nova, recrutando regiões visuais que evoluíram para reconhecer objetos e faces, conectando-as com áreas auditivas especializadas em processar linguagem, e integrando tudo isso com centros de memória e compreensão. O resultado foi uma transformação neurológica tão profunda que alterou permanentemente a forma como você percebe o mundo.

Mas como exatamente o cérebro transforma experiência em conhecimento? A resposta reside numa dança molecular fascinante que acontece nas sinapses, essas minúsculas lacunas entre neurônios onde a comunicação neural ocorre. Quando dois neurônios se comunicam repetidamente, a conexão entre eles se fortalece através de um processo que os neurocientistas resumem numa frase elegante: "neurônios que disparam juntos, conectam-se juntos". É como se o cérebro fosse um músico que, quanto mais pratica uma melodia, mais fluentemente consegue tocá-la.

Este princípio, conhecido como plasticidade sináptica, é a base de todo aprendizado. Quando você pratica piano, está fortalecendo as conexões entre neurônios motores que controlam seus dedos e neurônios auditivos que processam música. Quando estuda matemática, está criando e refinando circuitos que conectam símbolos abstratos com conceitos quantitativos. Quando aprende um novo idioma, está estabelecendo pontes neurais entre sons, significados e estruturas gramaticais.

A memória, descobrimos, não é um arquivo estático guardado em algum canto do cérebro. É um processo dinâmico de reconstrução que acontece cada vez que lembramos de algo. Quando você tenta se lembrar do que almoçou ontem, não está acessando uma gravação perfeita desse evento. Está reunindo fragmentos de informação armazenados em diferentes regiões cerebrais - o sabor da comida processado pelo córtex gustativo, a imagem visual armazenada no córtex occipital, a emoção associada preservada na amígdala - e montando tudo isso numa experiência coerente.

Essa natureza reconstrutiva da memória explica por que nossas lembranças podem ser tão maleáveis. Cada vez que recordamos um evento, estamos essencialmente reescrevendo-o, influenciados pelo nosso estado emocional atual, por novas informações que adquirimos, e pelo contexto em que a lembrança está sendo acessada. É por isso que testemunhas oculares podem ter lembranças sinceras mas contraditórias do mesmo evento, e por isso que nossas memórias de infância muitas vezes se tornam mais vívidas e dramáticas com o passar dos anos.

O processo de consolidação da memória revela outro aspecto fascinante do aprendizado. Quando você aprende algo novo, essa informação inicialmente existe num estado frágil, facilmente perturbado por interferências. Mas ao longo de horas, dias e semanas, através de um processo que acontece principalmente durante o sono, essas memórias frágeis se transformam em estruturas neurais mais estáveis e duradouras. É como se o cérebro fosse um editor cuidadoso que, durante a noite, revisa e organiza as experiências do dia, decidindo quais merecem preservação permanente.

Essa descoberta tem implicações práticas profundas para como aprendemos. Estudos mostram que espaçar o aprendizado ao longo do tempo é muito mais eficaz do que tentar absorver grandes quantidades de informação de uma só vez. O cérebro precisa de tempo para consolidar cada nova experiência antes de estar pronto para a próxima. É por isso que "decorar" na véspera de uma prova raramente resulta em aprendizado duradouro, enquanto revisões espaçadas ao longo de semanas ou meses podem criar memórias que duram décadas.

A emoção desempenha um papel crucial no aprendizado e na memória. Eventos carregados emocionalmente são lembrados com muito mais vividez e precisão do que experiências neutras. Isso acontece porque a amígdala, o centro emocional do cérebro, tem conexões diretas com o hipocampo, a região crucial para a formação de memórias. Quando algo nos emociona - seja positiva ou negativamente - a amígdala essencialmente "marca" essa experiência como importante, instruindo o hipocampo a prestar atenção especial e criar uma memória mais robusta.

Essa conexão entre emoção e memória explica por que nos lembramos tão claramente de onde estávamos quando soubemos de eventos históricos significativos, por que uma música pode instantaneamente nos transportar para um momento específico do passado, e por que experiências traumáticas podem deixar marcas tão duradouras na mente. Também sugere estratégias práticas para melhorar o aprendizado: quando conseguimos conectar novo material com experiências emocionalmente significativas, criamos memórias mais fortes e duradouras.

O esquecimento, longe de ser uma falha do sistema, é na verdade uma característica adaptativa crucial da memória humana. Se lembrássemos de tudo com igual clareza, nossa mente seria sobrecarregada por uma avalanche de detalhes irrelevantes. O esquecimento nos permite focar no que é importante, generalizar a partir de experiências específicas, e adaptar nosso comportamento a circunstâncias em mudança. É como ter um bibliotecário interno que constantemente reorganiza nossa coleção mental, mantendo os volumes mais importantes facilmente acessíveis enquanto arquiva ou descarta informações menos relevantes.

Diferentes tipos de memória seguem padrões distintos de formação e deterioração. Memórias procedimentais - como andar de bicicleta ou tocar um instrumento - tendem a ser extremamente duradouras uma vez estabelecidas. Memórias semânticas - fatos e conceitos gerais - podem persistir por décadas com revisão ocasional. Memórias episódicas - lembranças de eventos específicos - são mais vulneráveis ao esquecimento, mas também mais ricas em detalhes contextuais quando preservadas.

A idade afeta o aprendizado e a memória de formas complexas e muitas vezes surpreendentes. Embora seja verdade que certas capacidades, como a velocidade de processamento, podem declinar com a idade, outras habilidades podem na verdade melhorar. Adultos mais velhos frequentemente mostram maior capacidade para ver padrões complexos, integrar informações de diferentes domínios, e usar experiência acumulada para resolver problemas de formas criativas. É como se o cérebro maduro trocasse velocidade bruta por sabedoria refinada.

As implicações dessas descobertas se estendem muito além da

sala de aula. Compreender como o cérebro aprende pode informar estratégias de treinamento profissional, reabilitação após lesões cerebrais, e até mesmo o design de tecnologias educacionais. Pode nos ajudar a criar ambientes de trabalho que promovem aprendizado contínuo, desenvolver terapias mais eficazes para transtornos de memória, e otimizar nossa própria capacidade de adquirir novas habilidades ao longo da vida.

Talvez mais importante ainda, essa compreensão nos oferece uma perspectiva humilde mas esperançosa sobre nossa própria capacidade de crescimento. Cada um de nós carrega dentro do crânio uma máquina de aprendizado extraordinariamente sofisticada, capaz de se adaptar, crescer e se reinventar de formas que ainda estamos descobrindo. O teatro da mente nunca fecha suas cortinas, e cada dia oferece novas oportunidades para escrever novos capítulos na história neural da nossa vida.

CAPÍTULO 2: A ESCULTURA VIVA - NEUROPLASTICIDADE E A ARTE DE SE REINVENTAR

Se você pudesse viajar no tempo e conversar com um neurocientista do século XIX, provavelmente ficaria chocado com uma de suas crenças mais fundamentais: que o cérebro adulto era uma estrutura fixa e imutável, incapaz de mudança significativa após a infância. Essa visão, embora compreensível dado o conhecimento da época, estava tão errada quanto a antiga crença de que a Terra era o centro do universo. A descoberta da neuroplasticidade - a capacidade do cérebro de se reorganizar e adaptar ao longo de toda a vida - representa uma das revoluções mais profundas na nossa compreensão da mente humana.

A neuroplasticidade não é apenas um conceito científico abstrato; é uma realidade viva que se manifesta em cada momento da nossa existência. Enquanto você lê este parágrafo, seu cérebro está se modificando de formas sutis mas mensuráveis. Novas conexões sinápticas estão se formando, outras estão se fortalecendo, e algumas podem estar se enfraquecendo. É como se você fosse simultaneamente o escultor e a escultura, constantemente moldando e sendo moldado pela experiência de viver.

Para compreender verdadeiramente a neuroplasticidade, precisamos primeiro abandonar a metáfora do cérebro como computador - uma analogia que, embora útil em alguns contextos, pode ser profundamente enganosa. Computadores têm hardware fixo e software que pode ser atualizado, mas a estrutura física permanece inalterada. O cérebro, por outro lado, é mais parecido com uma cidade viva que está constantemente se reconstruindo. Ruas podem ser alargadas ou estreitadas baseado no tráfego, novos bairros podem emergir onde antes havia terrenos baldios, e conexões inteiramente novas podem ser estabelecidas entre áreas previamente isoladas.

A descoberta da neuroplasticidade começou com observações aparentemente simples que desafiaram dogmas estabelecidos. Quando pesquisadores estudaram cérebros de músicos profissionais, encontraram algo surpreendente: as regiões responsáveis pelo controle motor fino dos dedos eram significativamente maiores do que em não-músicos. Mais intrigante ainda, quanto mais cedo a pessoa havia começado a tocar, maiores eram essas diferenças. Era como se o cérebro fosse um músculo que crescia em resposta ao exercício, mas de formas muito mais específicas e sofisticadas do que qualquer músculo corporal.

Estudos subsequentes revelaram que essa plasticidade não se limitava a músicos. Taxistas de Londres, que precisam memorizar um mapa mental incrivelmente detalhado da cidade, mostravam hipocampos posteriores aumentados - exatamente a região cerebral crucial para navegação espacial. Pessoas cegas que aprenderam a ler Braille desenvolveram representações expandidas das pontas dos dedos no córtex somatossensorial. Cada descoberta adicionava mais evidências a uma conclusão revolucionária: o cérebro adulto não apenas podia mudar, mas estava constantemente mudando em resposta à experiência.

Mas talvez os exemplos mais dramáticos de neuroplasticidade venham de estudos de recuperação após lesões cerebrais. Quando uma pessoa sofre um derrame que danifica áreas responsáveis pela fala, o que acontece a seguir pode parecer quase milagroso. Regiões cerebrais que nunca antes estiveram envolvidas na linguagem podem gradualmente assumir essas funções. É como se o cérebro fosse uma empresa resiliente que, quando um departamento é danificado, rapidamente reorganiza outros departamentos para manter as operações funcionando.

Essa capacidade de reorganização funcional não acontece por acaso. É o resultado de mecanismos neurobiológicos sofisticados que evoluíram ao longo de milhões de anos. Quando uma área cerebral é danificada, neurônios nas proximidades podem estender novos prolongamentos para estabelecer conexões com regiões distantes. Células-tronco neurais, que permanecem ativas mesmo no cérebro adulto, podem gerar novos neurônios em certas regiões. Conexões sinápticas existentes podem se fortalecer dramaticamente para compensar circuitos perdidos.

A neuroplasticidade também nos ajuda a compreender por que a reabilitação após lesões cerebrais pode ser tão eficaz, mas também por que requer tanto tempo e esforço. Cada sessão de terapia da fala, cada exercício de fisioterapia, cada tentativa de reaprender uma habilidade perdida está literalmente remodelando o cérebro. É um processo que exige paciência, persistência e, acima de tudo, prática repetida. O cérebro aprende através da repetição, e a recuperação de funções perdidas segue os mesmos princípios básicos que o aprendizado inicial.

Essa compreensão tem transformado abordagens de reabilitação neurológica. Em vez de simplesmente aceitar limitações como permanentes, terapeutas agora trabalham para criar ambientes ricos em estímulos que promovem reorganização neural. Técnicas como terapia de movimento induzido por restrição - onde o membro não afetado é temporariamente imobilizado para forçar o uso do membro afetado - exploram diretamente os princípios da neuroplasticidade para promover recuperação.

A idade, embora influencie a neuroplasticidade, não a elimina. É verdade que o cérebro jovem é mais plástico que o cérebro maduro - uma característica que faz sentido evolutivo, já que organismos jovens precisam se adaptar rapidamente a ambientes novos. Mas mesmo cérebros de pessoas na casa dos oitenta anos mantêm capacidades significativas de reorganização. É como se a neuroplasticidade fosse uma fonte que nunca seca completamente, embora seu fluxo possa diminuir com o tempo.

Essa descoberta tem implicações profundas para como pensamos sobre envelhecimento e aprendizado ao longo da vida. A ideia de que "não se pode ensinar truques novos a um cão velho" é não apenas incorreta, mas potencialmente prejudicial. Quando pessoas mais velhas acreditam que não podem aprender coisas novas, elas podem inconscientemente limitar suas próprias oportunidades de crescimento neural. Por outro lado, quando mantêm uma mentalidade de crescimento e continuam se desafiando com novas experiências, podem preservar e até mesmo melhorar suas capacidades cognitivas.

A neuroplasticidade também lança nova luz sobre transtornos neurológicos e psiquiátricos. Condições como depressão, ansiedade e transtorno de estresse pós-traumático podem envolver padrões mal-adaptativos de conectividade neural. Mas se o cérebro pode mudar de formas prejudiciais, também pode mudar de formas benéficas. Terapias que promovem neuroplasticidade positiva - como meditação mindfulness, exercício físico e terapia cognitivo-comportamental - podem literalmente remodelar circuitos neurais disfuncionais.

A meditação oferece um exemplo particularmente elegante de neuroplasticidade dirigida. Estudos de neuroimagem mostram que mesmo oito semanas de prática de meditação podem produzir mudanças mensuráveis na estrutura cerebral. Regiões associadas à atenção e regulação emocional se espessam, enquanto áreas ligadas ao estresse e ansiedade podem diminuir de tamanho. É como se a mente pudesse ser treinada para se reorganizar de formas mais saudáveis e equilibradas.

O exercício físico representa outro poderoso promotor de neuroplasticidade. Quando nos exercitamos, não estamos apenas fortalecendo músculos e melhorando a saúde cardiovascular. Estamos também estimulando a produção de fatores de crescimento neural que promovem a formação de novas conexões sinápticas e até mesmo a geração de novos neurônios. É como se o movimento corporal fosse um fertilizante para o crescimento cerebral.

A neuroplasticidade também nos oferece insights sobre a natureza da expertise e do talento. Quando vemos um virtuose do piano ou um atleta de elite, é tentador atribuir suas habilidades a dons naturais inatos. Mas a neurociência revela uma realidade mais complexa e, em muitos aspectos, mais inspiradora. Embora fatores genéticos certamente influenciem o potencial, a expertise emerge principalmente através de anos de prática deliberada que literalmente esculpe o cérebro para otimizar performance em domínios específicos.

Essa compreensão tem implicações importantes para educação e desenvolvimento de habilidades. Em vez de rotular crianças como "talentosas" ou "sem jeito" em certas áreas, podemos focar em criar ambientes que promovem neuroplasticidade positiva. Isso significa não apenas fornecer instrução de qualidade, mas também cultivar mentalidades de crescimento que encorajam persistência diante de desafios.

A tecnologia moderna está abrindo novas fronteiras na aplicação da neuroplasticidade. Interfaces cérebro-computador podem permitir que pessoas paralisadas controlem dispositivos externos através do pensamento, essencialmente criando novos caminhos neurais que contornam lesões na medula espinhal. Estimulação magnética transcraniana pode temporariamente aumentar ou diminuir a atividade em regiões cerebrais específicas, potencialmente acelerando processos de reabilitação.

Olhando para o futuro, a neuroplasticidade promete revolucionar não apenas como tratamos doenças neurológicas, mas como otimizamos o potencial humano. Imagine terapias personalizadas baseadas no perfil neuroplástico individual de cada pessoa, ou ambientes de aprendizado que se adaptam em tempo real às mudanças neurais do estudante. Essas possibilidades, que pareciam ficção científica há apenas algumas décadas, estão se tornando realidades tangíveis.

A neuroplasticidade nos ensina uma lição fundamental sobre

a natureza humana: somos seres em constante transformação, capazes de crescimento e adaptação ao longo de toda a vida. Cada experiência que temos, cada habilidade que desenvolvemos, cada desafio que enfrentamos deixa sua marca na arquitetura neural da nossa mente. Somos, literalmente, os autores da nossa própria neurobiologia, escrevendo a história da nossa mente através das escolhas que fazemos e das experiências que buscamos.

CAPÍTULO 3: TEMPESTADES INTERIORES -
A GEOGRAFIA EMOCIONAL DO CÉREBRO

Há um momento peculiar que todos nós experimentamos, mas raramente paramos para contemplar: aquele instante antes de uma lágrima se formar, quando todo o universo emocional parece se concentrar num ponto infinitesimal no peito. Nesse momento, não somos observadores das nossas emoções - somos as próprias emoções, encarnadas e pulsantes. É um lembrete poderoso de que, por mais que gostemos de nos ver como seres racionais, somos fundamentalmente criaturas emocionais que ocasionalmente pensam, não o contrário.

A neurociência das emoções revela uma verdade surpreendente: longe de serem impulsos primitivos que interferem com o pensamento claro, as emoções são sistemas sofisticados de processamento de informação que evoluíram para nos ajudar a navegar pela complexidade da vida. Cada emoção que sentimos é o produto de circuitos neurais específicos que avaliam constantemente nossa situação, comparam-na com experiências passadas, e geram respostas apropriadas para promover nossa sobrevivência e bem-estar.

Para compreender como as emoções funcionam, precisamos primeiro mapear a geografia emocional do cérebro. Ao contrário da crença popular, não existe um único "centro emocional". Em vez disso, as emoções emergem da interação complexa entre múltiplas regiões cerebrais, cada uma contribuindo com sua própria especialidade para a experiência emocional total.

A amígdala, uma estrutura pequena em forma de amêndoa localizada profundamente no cérebro, funciona como um sistema de alarme emocional. Ela está constantemente escaneando o ambiente em busca de ameaças potenciais, processando informações sensoriais numa velocidade que deixaria qualquer computador envergonhado. Quando a amígdala detecta perigo - real ou percebido - ela pode desencadear uma cascata de respostas corporais antes mesmo que tenhamos consciência do que está acontecendo. É por isso que podemos pular ao ouvir um ruído súbito antes de perceber conscientemente que era apenas um livro caindo.

O hipotálamo, embora minúsculo, exerce uma influência desproporcional sobre nossas emoções através de seu controle sobre o sistema hormonal. Quando estamos estressados, o hipotálamo inicia uma sequência de eventos que resulta na liberação de cortisol, o hormônio do estresse. Quando estamos apaixonados, ele orquestra a liberação de oxitocina, o chamado "hormônio do amor". É como se o hipotálamo fosse um maestro químico, regendo uma sinfonia hormonal que colore toda nossa experiência emocional.

O córtex pré-frontal, a região mais evoluída do cérebro humano, atua como um regulador emocional sofisticado. Ele pode modular as respostas da amígdala, ajudando-nos a avaliar se uma ameaça percebida é real ou imaginária. Pode também nos ajudar a suprimir impulsos emocionais quando apropriado, permitindo-nos manter a compostura em situações sociais delicadas. É a diferença entre sentir raiva e agir com raiva - uma distinção que pode determinar o sucesso ou fracasso em muitas situações da vida.

A ínsula, uma região frequentemente negligenciada, desempenha um papel crucial na consciência emocional. Ela integra sinais do corpo com experiências emocionais, ajudando-nos a "sentir" nossas emoções literalmente. Quando dizemos que temos um "pressentimento" sobre algo, ou que sentimos "borboletas no estômago", estamos descrevendo o trabalho da ínsula em traduzir estados corporais em experiências conscientes.

Mas as emoções não são apenas eventos que acontecem dentro do nosso crânio. Elas são fenômenos profundamente corporais que envolvem todo o nosso ser. Quando sentimos medo, nosso coração acelera, nossas pupilas se dilatam, nossos músculos se tensionam. Quando experimentamos alegria, nosso rosto se ilumina, nossa postura se endireita, nossa voz se torna mais animada. É como se cada emoção fosse uma linguagem corporal que fala através de nós, comunicando nosso estado interno para o mundo exterior.

Essa conexão íntima entre emoção e corpo tem implicações fascinantes. Pesquisas mostram que simplesmente adotar a postura corporal associada a uma emoção pode na verdade induzir essa emoção. Sorrir, mesmo quando não nos sentimos felizes, pode ativar circuitos neurais associados à felicidade. Manter uma postura ereta e confiante pode aumentar níveis de testosterona e reduzir cortisol, fazendo-nos sentir mais poderosos. É como se o corpo fosse um controle remoto para o cérebro emocional.

A memória emocional opera segundo princípios únicos que a distinguem de outros tipos de memória. Eventos carregados emocionalmente são gravados com uma vividez e durabilidade extraordinárias. Isso acontece porque a amígdala tem conexões diretas com o hipocampo, a região crucial para formação de memórias. Quando algo nos emociona intensamente, a amígdala essencialmente "marca" essa experiência como importante, instruindo o hipocampo a criar uma memória especialmente robusta.

Essa característica da memória emocional explica por que nos lembramos tão claramente de onde estávamos quando soubemos de eventos históricos significativos, por que uma música pode instantaneamente nos transportar para um momento específico do passado, e por que traumas podem deixar marcas tão duradouras na mente. Também explica por que é tão difícil "esquecer" experiências emocionalmente intensas - elas foram literalmente gravadas com tinta indelével na nossa neurobiologia.

A regulação emocional - nossa capacidade de modular nossas

respostas emocionais - é uma das habilidades mais importantes que podemos desenvolver. Não se trata de suprimir ou negar emoções, mas de aprender a responder a elas de formas adaptativas. Pessoas que são hábeis em regulação emocional podem sentir raiva sem se tornar agressivas, experimentar tristeza sem se tornar deprimidas, ou enfrentar ansiedade sem se tornar paralisadas.

Diferentes estratégias de regulação emocional ativam diferentes circuitos neurais. A reavaliação cognitiva - reinterpretar uma situação para mudar sua carga emocional - envolve principalmente o córtex pré-frontal. A supressão expressiva - esconder sinais externos de emoção - ativa regiões diferentes e pode na verdade intensificar a experiência emocional interna. A aceitação mindful - observar emoções sem julgamento - parece envolver uma rede neural distinta associada à consciência metacognitiva.

O estresse crônico pode ter efeitos devastadores na arquitetura emocional do cérebro. Exposição prolongada a cortisol pode causar atrofia no hipocampo, prejudicando a formação de memórias. Pode também hipertrofiar a amígdala, tornando-nos mais reativos a ameaças percebidas. É como se o estresse crônico remodelasse o cérebro para priorizar sobrevivência imediata em detrimento de bem-estar a longo prazo.

Mas o cérebro também possui mecanismos notáveis de resiliência emocional. A neuroplasticidade que exploramos no capítulo anterior se aplica igualmente aos circuitos emocionais. Práticas como meditação, exercício, e terapia podem literalmente remodelar regiões cerebrais associadas à regulação emocional. É como se pudéssemos treinar nosso cérebro emocional da mesma forma que treinamos nossos músculos.

As diferenças individuais na experiência emocional são parcialmente determinadas por variações genéticas. Algumas pessoas nascem com amígdalas mais reativas, tornando-as naturalmente mais sensíveis a ameaças. Outras podem ter córtex pré-frontal mais robusto, dando-lhes maior capacidade natural de regulação emocional. Mas genes não são destino - eles simplesmente influenciam nosso ponto de partida, não nosso destino final.

A cultura também desempenha um papel profundo na moldagem da experiência emocional. Diferentes sociedades têm normas distintas sobre quais emoções são apropriadas em quais contextos, como elas devem ser expressas, e que significados devem ser atribuídos a elas. Essas diferenças culturais podem na verdade influenciar a ativação de circuitos neurais emocionais, demonstrando como fatores sociais se entrelaçam com biologia de formas complexas.

A empatia - nossa capacidade de sentir e compreender as emoções dos outros - representa um dos aspectos mais notáveis do cérebro emocional. Quando vemos alguém em dor, nosso cérebro automaticamente ativa algumas das mesmas regiões que se ativariam se estivéssemos sentindo dor física. É como se tivéssemos um sistema de ressonância emocional que nos conecta diretamente às experiências dos outros.

Essa capacidade empática é mediada em parte pelos neurônios-espelho, células que se ativam tanto quando realizamos uma ação quanto quando observamos outros realizando a mesma ação. No contexto emocional, esses neurônios nos permitem literalmente "sentir" as emoções dos outros, criando uma base neurobiológica para compaixão e conexão social.

Transtornos emocionais como depressão e ansiedade podem ser compreendidos como disfunções nos circuitos neurais que normalmente regulam o humor. Na depressão, regiões associadas ao prazer e motivação podem mostrar atividade reduzida, enquanto áreas ligadas à autocrítica podem estar hiperativas. Na ansiedade, a amígdala pode estar excessivamente sensível, interpretando estímulos neutros como ameaçadores.

Mas compreender a base neural desses transtornos também aponta para possibilidades terapêuticas. Medicamentos podem ajustar a química cerebral para restaurar equilíbrio emocional. Terapias psicológicas podem ensinar novas estratégias de regulação emocional que literalmente remodelam circuitos neurais. Técnicas como estimulação magnética transcraniana podem diretamente modular a atividade em regiões cerebrais específicas.

Olhando para o futuro, nossa compreensão crescente da neurobiologia emocional promete revolucionar como abordamos saúde mental e bem-estar emocional. Imagine terapias personalizadas baseadas no perfil neuroemocional individual de cada pessoa, ou tecnologias que podem detectar e responder a estados emocionais em tempo real.

As emoções, longe de serem obstáculos à racionalidade, são na verdade sistemas sofisticados de processamento de informação que nos ajudam a navegar pela complexidade da vida humana. Elas nos conectam com outros, nos motivam a agir, nos ajudam a formar memórias duradouras, e nos guiam em direção a experiências que promovem nosso bem-estar. Compreender a geografia emocional do cérebro não diminui a riqueza da experiência emocional - pelo contrário, revela a elegância extraordinária dos sistemas neurais que tornam possível sentir, amar, temer e esperar.

CAPÍTULO 4: O SILÊNCIO ELOQUENTE - MINDFULNESS E A CIÊNCIA DA ATENÇÃO

Existe um paradoxo fascinante no coração da experiência humana: vivemos numa era de conectividade sem precedentes, mas muitos de nós se sentem mais distraídos e fragmentados do que nunca. Nossos telefones nos conectam instantaneamente com qualquer pessoa no planeta, mas frequentemente nos desconectam do momento presente. Temos acesso a mais informação do que qualquer geração anterior, mas lutamos para manter foco numa única tarefa por mais de alguns minutos. É como se tivéssemos desenvolvido tecnologias extraordinárias para expandir nossa atenção, apenas para descobrir que perdemos a habilidade de direcioná-la conscientemente.

A atenção plena, ou mindfulness, oferece um antídoto elegante para essa fragmentação moderna. Mas longe de ser apenas uma técnica de relaxamento ou uma moda passageira, mindfulness representa uma capacidade fundamental da mente humana que está sendo redescoberta e validada pela neurociência contemporânea. É a habilidade de estar completamente presente no momento atual, observando pensamentos e sensações sem se perder neles, mantendo uma consciência clara e estável em meio ao fluxo constante da experiência.

Para compreender o que acontece no cérebro durante a prática de mindfulness, precisamos primeiro entender como a atenção funciona normalmente. Nossa mente tem uma tendência natural a vagar - estudos sugerem que passamos aproximadamente 47% do nosso tempo acordado perdidos em pensamentos que não têm relação com o que estamos fazendo no momento. Essa "rede de modo padrão" do cérebro, que inclui regiões como o córtex pré-frontal medial e o córtex cingulado posterior, está constantemente ativa quando não estamos focados numa tarefa específica.

Embora essa capacidade de "viajar mentalmente" no tempo e espaço seja uma das características mais notáveis da cognição humana - permitindo-nos planejar o futuro, aprender com o passado, e imaginar possibilidades - ela também pode se tornar problemática quando se torna compulsiva. Quando nossa mente vaga constantemente para preocupações, arrependimentos, ou fantasias, podemos perder contato com a riqueza da experiência presente.

A prática de mindfulness treina a mente para reconhecer quando a atenção vagou e gentilmente trazê-la de volta para o momento presente. É como treinar um cachorro inquieto para sentar e ficar quieto - requer paciência, consistência, e uma abordagem gentil mas firme. Cada vez que notamos que nossa mente vagou e a trazemos de volta, estamos fortalecendo circuitos neurais associados à consciência metacognitiva e controle atencional.

Estudos de neuroimagem revelam mudanças fascinantes no cérebro de pessoas que praticam meditação mindfulness regularmente. Após apenas oito semanas de prática, pesquisadores observaram aumento na densidade de matéria cinzenta no hipocampo, uma região crucial para aprendizado e memória. Simultaneamente, houve redução no tamanho da amígdala, sugerindo menor reatividade ao estresse. É como se a prática de mindfulness literalmente esculpisse o cérebro para ser mais resiliente e equilibrado.

O córtex pré-frontal, essa região sofisticada responsável por funções executivas como planejamento, tomada de decisões, e regulação emocional, mostra mudanças particularmente interessantes com a prática de mindfulness. Especificamente, áreas associadas à atenção sustentada e consciência corporal se espessam, enquanto regiões ligadas à autocrítica e ruminação podem mostrar menor ativação. É como se mindfulness fortalecesse os aspectos mais adaptativos da função executiva enquanto acalmava tendências mentais menos úteis.

A ínsula, que mencionamos no capítulo anterior como crucial para consciência corporal, também se desenvolve com a prática de mindfulness. Isso faz sentido, já que uma parte fundamental da atenção plena envolve sintonizar-se com sensações corporais sutis - a respiração, tensões musculares, batimentos cardíacos. Praticantes experientes de meditação frequentemente desenvolvem uma consciência corporal extraordinariamente refinada, capaz de detectar mudanças fisiológicas que passariam despercebidas para a maioria das pessoas.

Mas mindfulness não é apenas sobre relaxamento ou redução de estresse, embora esses sejam benefícios importantes. É fundamentalmente sobre desenvolver uma relação diferente com nossa própria experiência mental. Em vez de sermos arrastados automaticamente por cada pensamento ou emoção que surge, aprendemos a observá-los com uma curiosidade científica gentil. É como se nos tornássemos antropólogos da nossa própria mente, estudando os padrões e tendências do nosso mundo interior com interesse desapegado.

Essa mudança de perspectiva tem implicações profundas para como lidamos com dificuldades emocionais. Quando estamos ansiosos, por exemplo, nossa tendência natural é tentar eliminar a ansiedade ou nos distrair dela. Mindfulness nos ensina uma terceira opção: observar a ansiedade com curiosidade, notando como ela se manifesta no corpo, que pensamentos a acompanham, como ela muda ao longo do tempo. Paradoxalmente, essa aceitação observadora frequentemente reduz a intensidade da experiência desconfortável.

A respiração ocupa um lugar especial na prática de mindfulness, não porque tenha propriedades mágicas, mas porque oferece um âncora sempre disponível para o momento presente. A respiração está sempre acontecendo agora - não podemos respirar no passado ou no futuro. Quando direcionamos atenção para a respiração, estamos automaticamente nos trazendo para o presente. Além disso, a respiração é suficientemente sutil para requerer atenção focada, mas não tão estimulante a ponto de se tornar distrativa.

Estudos mostram que mesmo breves períodos de atenção à respiração podem ativar o sistema nervoso parassimpático, promovendo um estado de calma e relaxamento. É como se a respiração consciente fosse um interruptor que podemos usar para mudar do modo "luta ou fuga" para o modo "descansar e digerir". Essa capacidade de autorregulação pode ser particularmente valiosa em nossa cultura de estresse crônico.

A prática de mindfulness também revela insights fascinantes sobre a natureza dos pensamentos. Quando começamos a observar nossa mente com atenção sustentada, descobrimos que os pensamentos não são entidades sólidas e permanentes, como frequentemente assumimos. Eles são mais parecidos com nuvens que se formam e se dissolvem no céu da consciência. Alguns são densos e persistentes, outros são leves e passageiros. Alguns carregam carga emocional intensa, outros são relativamente neutros.

Essa percepção pode ser profundamente libertadora. Quando reconhecemos que pensamentos são eventos mentais temporários, não verdades absolutas sobre nós mesmos ou o mundo, ganhamos liberdade para escolher quais merecem nossa atenção e quais podem ser gentilmente deixados de lado. É como descobrir que somos editores da nossa própria experiência mental, não apenas receptores passivos de qualquer conteúdo que surge.

A compaixão emerge naturalmente da prática de mindfulness. Quando observamos nossa mente com atenção gentil, inevitavelmente descobrimos que ela é frequentemente autocrítica, ansiosa, ou distraída. Em vez de julgar essas tendências, mindfulness nos ensina a tratá-las com a mesma gentileza que oferecemos a um amigo querido que está passando por dificuldades. Essa autocompaixão não é indulgência ou fraqueza - é uma forma de sabedoria que reconhece nossa humanidade compartilhada.

Pesquisas sobre meditação da compaixão mostram que ela ativa circuitos neurais associados ao cuidado e conexão social. Praticantes regulares desenvolvem maior ativação em regiões como o córtex cingulado anterior e a ínsula quando expostos ao sofrimento dos outros. É como se a compaixão fosse um músculo que pode ser fortalecido através do exercício consciente.

A aplicação de mindfulness em contextos clínicos tem produzido resultados impressionantes. Programas como Redução de Estresse Baseada em Mindfulness (MBSR) e Terapia Cognitiva Baseada em Mindfulness (MBCT) têm mostrado eficácia no tratamento de condições que vão desde dor crônica até depressão recorrente. É como se mindfulness oferecesse uma ferramenta universal para trabalhar com sofrimento humano, independentemente de sua manifestação específica.

Mas mindfulness não é uma panaceia, e é importante abordar sua prática com expectativas realistas. Como qualquer habilidade, requer tempo e prática para se desenvolver. Algumas pessoas podem experimentar benefícios rapidamente, enquanto outras podem precisar de meses de prática consistente antes de notar mudanças significativas. É como aprender a tocar um instrumento musical - os benefícios são reais e duradouros, mas requerem dedicação e paciência.

A integração de mindfulness na vida cotidiana pode ser mais importante do que sessões formais de meditação. Podemos praticar atenção plena enquanto caminhamos, comemos, ouvimos música, ou conversamos com outros. É sobre trazer qualidade de presença para qualquer atividade que estejamos realizando. Como disse o mestre zen Thich Nhat Hanh, "Lavar pratos não é apenas para ter pratos limpos; lavar pratos é também para viver plenamente no momento de lavar pratos."

A tecnologia moderna apresenta tanto desafios quanto oportunidades para a prática de mindfulness. Por um lado, dispositivos digitais podem ser fontes constantes de distração que fragmentam nossa atenção. Por outro lado, aplicativos de meditação e lembretes mindful podem apoiar nossa prática e torná-la mais acessível. A chave é usar tecnologia conscientemente, como uma ferramenta para apoiar presença em vez de uma fuga dela.

Olhando para o futuro, a pesquisa em mindfulness está explorando fronteiras fascinantes. Cientistas estão investigando como diferentes tipos de prática meditativa afetam o cérebro de formas distintas, como mindfulness pode ser personalizado para diferentes tipos de personalidade e condições, e como pode ser integrado com outras intervenções terapêuticas para maximizar benefícios.

A neurociência de mindfulness nos oferece uma compreensão sem precedentes de como a mente pode ser treinada para maior bem-estar e eficácia. Revela que a atenção não é apenas algo que temos, mas algo que podemos cultivar e refinar. Mostra que a consciência não é um subproduto passivo da atividade cerebral, mas uma capacidade ativa que pode ser desenvolvida e direcionada.

Em última análise, mindfulness nos convida a uma relação mais íntima e sábia com nossa própria experiência. Num mundo que frequentemente nos puxa em múltiplas direções simultaneamente, oferece um caminho de volta para casa - para o momento presente, para nosso próprio corpo e mente, para a vida que está realmente acontecendo agora. É um lembrete de que, em meio a toda a complexidade e velocidade da vida moderna, sempre temos acesso a um refúgio de quietude e clareza que existe bem aqui, bem agora, na própria consciência que está lendo estas palavras.

CAPÍTULO 5: ECOS DE HUMANIDADE - O CÉREBRO SOCIAL E SUAS CONEXÕES

Quando duas pessoas se encontram pela primeira vez e seus olhares se cruzam, algo extraordinário acontece nos primeiros milissegundos desse encontro. Antes mesmo que palavras sejam trocadas, antes que pensamentos conscientes se formem, dois cérebros já iniciaram uma dança complexa de reconhecimento mútuo. Expressões faciais são lidas e interpretadas, posturas corporais são avaliadas, tons de voz são processados. É como se cada cérebro fosse um detetive social sofisticado, coletando e analisando centenas de pistas sutis para determinar se essa nova pessoa representa uma oportunidade, uma ameaça, ou simplesmente outro ser humano navegando pela complexidade da vida social.

O cérebro humano é, fundamentalmente, um órgão social. Essa não é uma observação poética, mas uma realidade neurobiológica profunda. Evoluímos não como indivíduos isolados, mas como membros de grupos cooperativos onde a sobrevivência dependia da nossa capacidade de ler as intenções dos outros, formar alianças, comunicar efetivamente, e coordenar ações complexas. Cada região do nosso cérebro carrega as marcas dessa herança social, desde circuitos especializados em reconhecer faces até sistemas neurais dedicados a processar linguagem e emoções sociais.

A descoberta dos neurônios-espelho na década de 1990 revolucionou nossa compreensão da cognição social. Esses neurônios notáveis se ativam tanto quando realizamos uma ação quanto quando observamos outra pessoa realizando a mesma ação. É como se nosso cérebro estivesse constantemente simulando as experiências dos outros, criando uma forma de compreensão que vai muito além da análise intelectual. Quando vemos alguém pegar uma xícara de café, nossos neurônios-espelho nos permitem "sentir" esse movimento antes mesmo que nossa mente consciente processe o que está acontecendo.

Mas os neurônios-espelho fazem muito mais do que simplesmente espelhar ações motoras. Eles também respondem às intenções por trás das ações. Se vemos alguém pegando uma xícara num contexto de limpeza versus num contexto de beber, diferentes populações de neurônios-espelho se ativam, sugerindo que nosso cérebro automaticamente infere não apenas o que os outros estão fazendo, mas por que estão fazendo. É uma forma de leitura mental automática que acontece abaixo do limiar da consciência.

A empatia, essa capacidade fundamental de sentir e compreender as emoções dos outros, tem suas raízes nos sistemas de neurônios-espelho. Quando vemos alguém em dor, nosso cérebro automaticamente ativa algumas das mesmas regiões que se ativariam se estivéssemos sentindo dor física. Não é apenas uma metáfora dizer que "sentimos a dor dos outros" - é uma descrição literal de um processo neurobiológico. Essa capacidade de ressonância emocional nos conecta uns aos outros de forma direta e imediata, criando uma base neural para compaixão e altruísmo.

O reconhecimento facial representa outro aspecto extraordinário do cérebro social. Temos regiões neurais especificamente dedicadas a processar rostos humanos, capazes de distinguir entre milhares de faces diferentes e detectar as mais sutis mudanças de expressão. O giro fusiforme facial, localizado no lobo temporal, é tão especializado em reconhecimento facial que danos nessa região podem resultar em prosopagnosia - a incapacidade de reconhecer faces familiares, mesmo de membros da família.

Mas o processamento facial vai muito além do simples reconhecimento. Podemos extrair uma quantidade impressionante de informação social de um rosto: idade, gênero, estado emocional, atratividade, confiabilidade, e até mesmo traços de personalidade. Fazemos esses julgamentos em milissegundos, frequentemente com precisão surpreendente. É como se cada rosto fosse um livro aberto que nosso cérebro aprendeu a ler com fluência extraordinária.

A linguagem, essa ferramenta extraordinária que nos distingue de todas as outras espécies, é fundamentalmente um fenômeno social. Não evoluímos para falar com nós mesmos, mas para nos comunicar com outros. Quando conversamos, nossos cérebros literalmente se sincronizam, criando padrões de atividade neural similares que facilitam a compreensão mútua. É como se duas orquestras tocassem a mesma sinfonia, cada uma em seu próprio instrumento, mas harmonizadas numa melodia comum.

Essa sincronização neural durante a comunicação é mais profunda do que simplesmente processar as mesmas palavras. Estudos mostram que quando uma pessoa conta uma história, as regiões cerebrais ativadas no narrador também se ativam no ouvinte, mas com um pequeno atraso. É como se o cérebro do ouvinte estivesse recriando a experiência do narrador, permitindo uma forma de compreensão que vai além da simples decodificação linguística.

A teoria da mente - nossa capacidade de compreender que outros têm crenças, desejos e intenções diferentes das nossas - representa uma das conquistas mais sofisticadas da cognição social humana. Essa habilidade, que se desenvolve gradualmente durante a infância, envolve uma rede complexa de regiões cerebrais incluindo o córtex pré-frontal medial, a junção temporoparietal, e o sulco temporal superior. É como se tivéssemos um "simulador mental" que nos permite modelar os estados mentais dos outros.

A capacidade de teoria da mente nos permite navegar por situações sociais complexas, compreender sarcasmo e ironia, prever o comportamento dos outros, e coordenar ações em grupos. Déficits nessa capacidade, como os observados no autismo, podem tornar o mundo social confuso e imprevisível. É um lembrete de quão sofisticadas são as habilidades sociais que a maioria de nós considera naturais.

A confiança, esse ingrediente essencial de todas as relações humanas significativas, tem sua própria neurobiologia. Quando confiamos em alguém, nosso cérebro libera oxitocina, um hormônio que promove sentimentos de vínculo e conexão. É um sistema de feedback positivo: quanto mais confiamos, mais oxitocina produzimos, o que nos torna mais propensos a confiar ainda mais. Conversamente, experiências de traição podem reduzir nossa capacidade de produzir oxitocina em resposta a sinais sociais, tornando mais difícil formar novos vínculos.

A oxitocina, frequentemente chamada de "hormônio do amor", desempenha papéis cruciais em múltiplos aspectos do comportamento social. Ela facilita o vínculo entre pais e filhos, promove cooperação em grupos, aumenta a generosidade e a empatia, e até mesmo melhora nossa capacidade de ler expressões faciais. É como se a natureza tivesse criado um químico que nos motiva a nos conectar e cuidar uns dos outros.

Mas o cérebro social também tem seus lados sombrios. Os mesmos sistemas que nos permitem formar vínculos profundos com membros do nosso grupo também podem nos levar a discriminar contra aqueles que percebemos como diferentes. A tendência de categorizar pessoas em "nós" versus "eles" é tão fundamental que pode ser ativada por diferenças triviais como a cor da camisa que alguém está usando.

Essa propensão para preconceito de grupo tem raízes evolutivas profundas. Em ambientes ancestrais, a capacidade de rapidamente distinguir entre membros do grupo e estranhos potencialmente perigosos era crucial para sobrevivência. Mas no mundo moderno, essa mesma tendência pode levar a racismo, sexismo, e outras formas de discriminação que causam sofrimento desnecessário.

A boa notícia é que o preconceito não é inevitável. Pesquisas mostram que exposição positiva a membros de outros grupos pode reduzir significativamente atitudes preconceituosas. Quando temos oportunidades de interagir com pessoas diferentes de nós em contextos cooperativos e igualitários, nosso cérebro pode literalmente reaprender suas categorias sociais. É como se pudéssemos treinar nossos circuitos neurais para expandir nossa definição de "nós".

A solidão, descobrimos, não é apenas um estado emocional desagradável, mas uma condição que pode ter efeitos físicos mensuráveis no cérebro e no corpo. Pessoas cronicamente isoladas mostram padrões de ativação neural similares àqueles observados em situações de dor física. O cérebro interpreta a falta de conexão social como uma ameaça à sobrevivência, ativando sistemas de estresse que podem ter consequências duradouras para a saúde.

Essa descoberta ajuda a explicar por que a solidão está associada a maior risco de depressão, ansiedade, declínio cognitivo, e até mesmo morte prematura. Não somos apenas criaturas que gostam de companhia social - somos seres que precisam de conexão social para prosperar. É como se fôssemos plantas que precisam de luz solar social para crescer e florescer.

A era digital criou novas oportunidades e desafios para o cérebro social. Por um lado, tecnologias como redes sociais e videoconferência nos permitem manter conexões com pessoas ao redor do mundo. Por outro lado, interações digitais podem carecer da riqueza e nuance das interações face a face. Quando nos comunicamos através de texto, perdemos pistas importantes como tom de voz, expressões faciais, e linguagem corporal que nosso cérebro evoluiu para processar.

Pesquisas sugerem que embora conexões online possam fornecer algum suporte social, elas não substituem completamente interações presenciais. É como se nosso cérebro social precisasse da "largura de banda" completa da comunicação humana para funcionar otimamente. Isso não significa que devemos abandonar tecnologias digitais, mas sim usá-las conscientemente para complementar, não substituir, conexões presenciais.

A neurociência social também está revelando insights fascinantes sobre liderança e influência. Líderes eficazes frequentemente mostram maior ativação em regiões cerebrais associadas à teoria da mente e regulação emocional. Eles são hábeis em ler os estados mentais dos outros e ajustar seu comportamento de acordo. É como se liderança fosse, em parte, uma forma de inteligência social aplicada.

A cultura desempenha um papel profundo na moldagem dos circuitos neurais sociais. Diferentes sociedades têm normas distintas sobre contato visual, espaço pessoal, expressão emocional, e hierarquia social. Essas diferenças culturais podem na verdade influenciar a ativação de regiões cerebrais durante interações sociais, demonstrando como fatores ambientais se entrelaçam com biologia.

Olhando para o futuro, nossa compreensão crescente do cérebro social promete informar abordagens para reduzir conflito, promover cooperação, e construir sociedades mais inclusivas. Imagine programas educacionais baseados em princípios de neurociência social, ou tecnologias que podem detectar e responder a sinais sociais sutis para apoiar pessoas com dificuldades de comunicação.

O cérebro social nos lembra de uma verdade fundamental sobre a natureza humana: somos seres profundamente interconectados, moldados por e para a vida em comunidade. Cada interação social que temos deixa sua marca na nossa neurobiologia, assim como deixamos nossa marca na neurobiologia dos outros. Somos, literalmente, co-criadores da experiência social uns dos outros, participantes numa dança neural complexa que conecta mente a mente através do espaço e do tempo.

Compreender o cérebro social não diminui a magia das conexões humanas - pelo contrário, revela a elegância extraordinária dos sistemas neurais que tornam possível amar, confiar, cooperar, e criar significado compartilhado. Cada sorriso trocado, cada conversa significativa, cada momento de compreensão mútua é um testemunho da sofisticação notável do cérebro social humano.

CAPÍTULO 6: LABIRINTOS DO DESEJO - NEUROCIÊNCIA DO VÍCIO E DA COMPULSÃO

Existe um momento crucial no desenvolvimento de qualquer vício - um ponto de inflexão que muitas vezes passa despercebido até que seja tarde demais. É o momento em que o que começou como escolha se transforma em compulsão, quando o prazer voluntário se torna necessidade urgente. É como atravessar uma fronteira invisível numa floresta densa: você não percebe que cruzou até se encontrar perdido, cercado por árvores que todas parecem iguais, sem um caminho claro de volta.

O vício representa um dos paradoxos mais cruéis da condição humana. Comportamentos que começam como busca por prazer, alívio, ou conexão social podem gradualmente se transformar em prisões neurobiológicas que dominam pensamentos, emoções, e ações. É uma demonstração poderosa de como os mesmos sistemas cerebrais que evoluíram para promover nossa sobrevivência e bem-estar podem ser sequestrados por substâncias e atividades que exploram vulnerabilidades profundas na arquitetura neural humana.

Para compreender o vício, precisamos primeiro entender como o cérebro processa recompensas. No centro desse sistema está a dopamina, um neurotransmissor que se tornou quase sinônimo de prazer na cultura popular. Mas a realidade é mais sutil e fascinante. A dopamina não é tanto o químico do prazer quanto o químico da motivação e antecipação. Ela nos impele a buscar experiências que nosso cérebro prediz que serão recompensadoras.

O sistema de recompensa cerebral evoluiu para nos motivar a buscar coisas essenciais para sobrevivência: comida quando estamos com fome, água quando estamos com sede, abrigo quando estamos com frio, companhia quando estamos sozinhos. Quando encontramos essas necessidades, experimentamos prazer - uma forma de feedback positivo que nos encoraja a repetir comportamentos adaptativos. É um sistema elegante que funcionou bem por milhões de anos de evolução.

Mas substâncias viciantes e comportamentos compulsivos exploram esse sistema de formas que a evolução não antecipou. Drogas como cocaína e anfetaminas podem aumentar os níveis de dopamina no cérebro em até dez vezes mais do que recompensas naturais. É como se essas substâncias fossem hackers neurobiológicos, invadindo o sistema de recompensa e enviando sinais falsamente intensos de que algo extraordinariamente importante está acontecendo.

O que torna essa situação particularmente insidiosa é que o cérebro se adapta a esses níveis artificialmente elevados de dopamina. Com exposição repetida, os receptores de dopamina se tornam menos sensíveis, exigindo quantidades cada vez maiores da substância para produzir o mesmo efeito. Simultaneamente, atividades que antes eram prazerosas - como comer uma boa refeição ou passar tempo com amigos - podem perder sua capacidade de gerar satisfação. É como se o sistema de recompensa fosse recalibrado para um novo padrão, deixando a pessoa numa busca perpétua por algo que nunca pode ser completamente alcançado.

A neuroplasticidade, essa capacidade extraordinária do cérebro de se adaptar que exploramos em capítulos anteriores, desempenha um papel central no desenvolvimento do vício. Cada vez que uma pessoa usa uma substância viciante, conexões neurais específicas são fortalecidas. Com o tempo, esses caminhos neurais se tornam como rodovias bem pavimentadas na mente, facilitando o retorno automático ao comportamento viciante mesmo quando a pessoa conscientemente quer parar.

Particularmente importantes são as mudanças que ocorrem no córtex pré-frontal, a região responsável por tomada de decisões, controle de impulsos, e planejamento a longo prazo. No vício, essa região pode mostrar atividade reduzida, prejudicando a capacidade da pessoa de resistir a impulsos e considerar consequências futuras. É como se o sistema de freios neurológico fosse gradualmente enfraquecido, enquanto o sistema de aceleração se torna cada vez mais poderoso.

A memória desempenha um papel crucial na manutenção do vício. O cérebro viciado desenvolve associações poderosas entre estímulos ambientais e a experiência da droga. Um cheiro específico, uma música particular, até mesmo um estado emocional podem desencadear desejos intensos, mesmo anos após a última vez que a pessoa usou. Essas "memórias de fissura" são armazenadas em circuitos neurais que são notavelmente resistentes ao esquecimento.

É importante reconhecer que o vício não se limita a substâncias químicas. Comportamentos como jogos, compras, sexo, ou até mesmo o uso de redes sociais podem ativar os mesmos circuitos neurais, criando padrões de dependência que são neurologicamente indistinguíveis do vício em drogas. Isso expande nossa compreensão do vício para além do modelo tradicional de dependência química, revelando que qualquer atividade que ofereça recompensas intensas e imediatas tem o potencial de se tornar compulsiva.

O vício em jogos oferece um exemplo fascinante de como atividades aparentemente inócuas podem se tornar problemáticas. Cassinos e desenvolvedores de jogos online usam princípios psicológicos sofisticados para maximizar o engajamento. Recompensas variáveis, quase-vitórias, e progressão gradual são cuidadosamente calibrados para manter os jogadores engajados. É como se essas atividades fossem projetadas especificamente para explorar vulnerabilidades no sistema de recompensa cerebral.

O estresse desempenha um papel fundamental tanto no desenvolvimento quanto na manutenção do vício. Quando estamos sob pressão, nosso cérebro naturalmente busca formas de alívio. Substâncias viciantes oferecem uma solução rápida e eficaz para o desconforto emocional, criando um ciclo onde qualquer tensão se torna um gatilho para o uso. Com o tempo, o cérebro aprende a associar alívio do estresse com a substância, criando um padrão que pode persistir muito depois que a dependência física termina.

A genética também influencia a vulnerabilidade ao vício. Algumas pessoas nascem com variações genéticas que afetam como seus cérebros processam dopamina, tornando-as mais ou menos suscetíveis a desenvolver dependências. Mas genes não são destino - eles simplesmente influenciam probabilidades. É como ter diferentes tipos de solo: alguns podem ser mais férteis para certas plantas, mas o que realmente cresce depende das sementes plantadas e dos cuidados fornecidos.

Fatores ambientais e sociais também desempenham papéis cruciais. Trauma infantil, exposição precoce a substâncias, falta de suporte social, e ambientes estressantes podem todos aumentar o risco de vício. Conversamente, relacionamentos saudáveis, propósito de vida, e estratégias eficazes de enfrentamento podem servir como fatores protetivos. É um lembrete de que o vício não é simplesmente uma questão de força de vontade individual, mas um fenômeno complexo influenciado por múltiplos fatores biológicos, psicológicos, e sociais.

A recuperação do vício é fundamentalmente um processo de remodelação neural. Assim como o cérebro se adaptou para priorizar a substância viciante, ele pode se readaptar para funcionar sem ela. Mas esse processo requer tempo, paciência, e frequentemente ajuda profissional. É como reaprender a andar depois de uma lesão grave: os caminhos neurais antigos ainda existem, mas novos caminhos podem ser criados e fortalecidos através da prática repetida de comportamentos saudáveis.

Diferentes abordagens terapêuticas trabalham através de mecanismos neurais distintos. Medicamentos podem ajudar a estabilizar a química cerebral durante as fases iniciais de recuperação. Terapia cognitivo-comportamental pode ensinar novas estratégias de enfrentamento que literalmente criam novos circuitos neurais. Grupos de apoio podem fornecer conexão social que ativa sistemas de recompensa naturais. Práticas como meditação e exercício podem promover neuroplasticidade positiva e reduzir estresse.

A terapia de exposição e prevenção de resposta, onde pessoas são gradualmente expostas a gatilhos de fissura em ambientes controlados sem usar a substância, pode ajudar a enfraquecer associações neurais problemáticas. É como treinar o cérebro para responder diferentemente a estímulos que antes automaticamente desencadeavam uso. Cada exposição sem uso fortalece novos padrões neurais de resistência.

A importância do suporte social na recuperação não pode ser subestimada. Relacionamentos saudáveis ativam sistemas de recompensa naturais que podem competir com a atração de substâncias viciantes. Além disso, conexão social pode reduzir estresse e fornecer motivação para mudança. É como ter uma rede de segurança emocional que torna mais fácil navegar pelos desafios da recuperação.

A recaída, infelizmente, é comum na recuperação do vício, mas não deve ser vista como fracasso. É mais útil compreendê-la como parte do processo de aprendizado neural. Cada tentativa de parar, mesmo que não seja permanentemente bem-sucedida, pode fortalecer circuitos neurais associados à resistência e autocontrole. É como aprender a andar de bicicleta: quedas fazem parte do processo de dominar uma nova habilidade.

A prevenção do vício requer uma abordagem multifacetada que reconhece tanto fatores de risco quanto fatores protetivos. Educação sobre os riscos de substâncias e comportamentos potencialmente viciantes é importante, mas não suficiente. Também precisamos abordar fatores subjacentes como trauma, estresse, e falta de oportunidades significativas. É como fortalecer o sistema imunológico social contra o vício.

Programas de prevenção eficazes frequentemente focam no desenvolvimento de habilidades de vida: regulação emocional, resolução de problemas, comunicação eficaz, e construção de relacionamentos saudáveis. Essas habilidades podem servir como alternativas aos comportamentos viciantes quando as pessoas enfrentam estresse ou dificuldades. É como fornecer ferramentas melhores para lidar com os desafios inevitáveis da vida.

A estigmatização do vício frequentemente causa mais dano do que a própria condição. Quando pessoas com vícios são vistas como moralmente fracas ou criminosas, elas podem internalizar essa vergonha, tornando mais difícil buscar ajuda. Compreender o vício como uma condição médica complexa, não uma falha de caráter, pode promover abordagens mais compassivas e eficazes.

Olhando para o futuro, a neurociência do vício está abrindo novas possibilidades terapêuticas. Técnicas como estimulação magnética transcraniana podem diretamente modular atividade em regiões cerebrais associadas ao vício. Medicamentos mais precisos podem ser desenvolvidos para alvos neurobiológicos específicos. Terapias personalizadas podem ser criadas baseadas no perfil neurológico individual de cada pessoa.

O vício nos ensina lições importantes sobre a natureza da escolha humana e os limites da força de vontade. Revela como nossa neurobiologia pode ser tanto nossa maior força quanto nossa maior vulnerabilidade. Mas também demonstra a capacidade extraordinária do cérebro humano de se adaptar, crescer, e se curar. Cada pessoa que se recupera do vício é um testemunho da plasticidade neural e da resiliência do espírito humano.

Compreender a neurociência do vício não diminui a responsabilidade pessoal, mas a coloca num contexto mais amplo e compassivo. Reconhece que embora possamos não ser responsáveis por nossa neurobiologia, somos responsáveis por buscar ajuda e fazer escolhas que promovem cura. É um equilíbrio delicado entre reconhecer limitações biológicas e empoderar mudança pessoal.

CAPÍTULO 7: O OUTONO NEURAL - ENVELHECIMENTO E SABEDORIA DO CÉREBRO MADURO

Há uma beleza melancólica no envelhecimento do cérebro humano que desafia nossas concepções simplistas sobre declínio e deterioração. É como observar uma floresta no outono: embora algumas folhas possam amarelar e cair, outras brilham com cores douradas que só a maturidade pode produzir. O cérebro que envelhece não é simplesmente uma versão deteriorada do cérebro jovem, mas um órgão que passou por décadas de experiências, acumulou camadas de sabedoria, e desenvolveu estratégias únicas para navegar pela complexidade da vida.

Durante muito tempo, o envelhecimento cerebral foi visto exclusivamente através da lente do declínio. Acreditava-se que perdíamos neurônios constantemente após os vinte anos, que nossas capacidades cognitivas inevitavelmente diminuíam com a idade, e que o cérebro maduro era incapaz de mudança significativa. Essa visão pessimista não apenas estava incorreta em muitos aspectos, mas também se tornou uma profecia autorrealizável, limitando as expectativas e oportunidades de pessoas mais velhas.

A neurociência moderna revela uma realidade muito mais nuançada e esperançosa. Embora seja verdade que certas mudanças ocorrem no cérebro com a idade, muitas dessas mudanças representam adaptações inteligentes, não simplesmente deterioração. O cérebro maduro desenvolve estratégias compensatórias sofisticadas, recruta regiões adicionais para tarefas que antes requeriam menos recursos, e pode até mesmo mostrar melhor performance em certas habilidades cognitivas.

Uma das descobertas mais revolucionárias é que a neurogênese - a formação de novos neurônios - continua ao longo da vida em certas regiões cerebrais, particularmente no hipocampo. Embora a taxa de neurogênese possa diminuir com a idade, ela nunca para completamente. É como descobrir que um jardim que pensávamos estar apenas perdendo plantas na verdade continua germinando novas sementes, mesmo no inverno da vida.

A neuroplasticidade, essa capacidade extraordinária do cérebro de se reorganizar que exploramos anteriormente, também persiste na idade avançada. Pessoas de oitenta anos podem aprender novas línguas, dominar instrumentos musicais, ou desenvolver habilidades artísticas que nunca imaginaram possuir. O processo pode ser mais lento e requerer mais esforço do que na juventude, mas a capacidade fundamental permanece intacta.

Um dos aspectos mais fascinantes do envelhecimento cerebral é o fenômeno da bilateralização. Enquanto cérebros jovens tendem a mostrar especialização hemisférica clara - com linguagem predominantemente no hemisfério esquerdo e habilidades espaciais no direito - cérebros maduros frequentemente recrutam ambos os hemisférios para tarefas que antes eram lateralizadas. Inicialmente, isso foi interpretado como compensação por declínio, mas pesquisas sugerem que pode na verdade representar uma forma mais eficiente de processamento.

Essa bilateralização pode explicar por que pessoas mais velhas frequentemente mostram melhor capacidade para ver "o quadro geral", integrar informações de diferentes domínios, e compreender nuances complexas que escapam aos mais jovens. É como se o cérebro maduro trocasse velocidade de processamento por profundidade de compreensão, preferindo sabedoria a rapidez.

A memória, talvez a função cognitiva que mais nos preocupa

quando pensamos no envelhecimento, na verdade opera de formas diferentes em diferentes idades. O cérebro jovem pode ser superior na memorização rápida de listas de palavras ou números, mas o cérebro maduro excele na compreensão de contextos, na integração de informações complexas, e na capacidade de extrair significado profundo das experiências.

Essa diferença reflete distinções importantes entre diferentes tipos de memória. A memória de trabalho - nossa capacidade de manter informações ativas na mente por períodos curtos - pode de fato declinar com a idade. Mas a memória semântica - nosso conhecimento de fatos e conceitos - frequentemente se mantém estável ou até mesmo melhora. É como se o cérebro maduro fosse uma biblioteca que pode ter dificuldade para catalogar rapidamente novos livros, mas que conhece intimamente as conexões entre todas as obras em sua vasta coleção.

O conceito de reserva cognitiva oferece insights importantes sobre por que algumas pessoas mantêm função mental excelente mesmo em idades avançadas. Indivíduos que passaram a vida engajados em atividades intelectualmente estimulantes, que cultivaram relacionamentos sociais ricos, e que mantiveram curiosidade e abertura para novas experiências parecem desenvolver uma espécie de "poupança neural" que os protege contra os efeitos do envelhecimento.

Essa reserva cognitiva não é apenas uma questão de ter mais neurônios ou conexões sinápticas. É também sobre ter desenvolvido estratégias cognitivas mais eficientes, redes neurais mais robustas, e maior flexibilidade mental. É como ter múltiplas rotas para chegar ao mesmo destino: se uma estrada está bloqueada, outras permanecem disponíveis.

A educação desempenha um papel crucial na construção de reserva cognitiva. Cada ano adicional de educação formal está associado a menor risco de demência e melhor função cognitiva na idade avançada. Mas educação aqui deve ser entendida amplamente: não apenas escolaridade formal, mas aprendizado ao longo da vida, curiosidade intelectual, e engajamento com ideias complexas.

O exercício físico emerge como um dos fatores mais importantes para manter a saúde cerebral durante o envelhecimento. Quando nos exercitamos, não estamos apenas fortalecendo músculos e melhorando a saúde cardiovascular. Estamos também promovendo a produção de fatores de crescimento neural, melhorando a circulação sanguínea no cérebro, e estimulando a formação de novas conexões sinápticas.

Estudos mostram que pessoas fisicamente ativas têm maior volume de matéria cinzenta, melhor conectividade entre regiões cerebrais, e menor risco de declínio cognitivo. O exercício aeróbico parece ser particularmente benéfico, mas mesmo atividades como caminhada regular podem ter efeitos protetivos significativos. É como se o movimento corporal fosse um elixir para a mente, mantendo-a jovem e vibrante independentemente da idade cronológica.

A alimentação também desempenha um papel crucial na forma como o cérebro envelhece. Dietas ricas em antioxidantes, ácidos graxos ômega-3, e outros nutrientes neuroprotetivos podem reduzir inflamação, proteger contra estresse oxidativo, e promover a saúde vascular cerebral. A dieta mediterrânea, em particular, tem sido associada a menor risco de declínio cognitivo e demência.

O sono torna-se ainda mais crucial com o avançar da idade. É durante o sono que o cérebro realiza sua "limpeza" diária, removendo toxinas que se acumularam durante as horas de vigília. Cérebros que dormem bem são cérebros que envelhecem melhor, mantendo clareza mental e função cognitiva por mais tempo. Infelizmente, muitas pessoas mais velhas experimentam mudanças nos padrões de sono que podem afetar essa função de limpeza cerebral.

A solidão e o isolamento social emergem como fatores de risco significativos para o declínio cognitivo. O cérebro social que exploramos em capítulos anteriores não perde sua necessidade de conexão com a idade. Na verdade, relacionamentos significativos podem se tornar ainda mais importantes como fonte de estimulação cognitiva e bem-estar emocional. É como se a mente precisasse do reflexo de outras mentes para manter sua própria vitalidade.

A aposentadoria, embora possa ser um período de liberdade e relaxamento bem-merecidos, também pode representar um desafio para o cérebro que está acostumado à estimulação regular do trabalho. Pessoas que permanecem mentalmente ativas após a aposentadoria - seja através de hobbies, voluntariado, ou aprendizado contínuo - tendem a manter melhor função cognitiva. É importante encontrar formas de substituir a estimulação intelectual que o trabalho proporcionava.

A atitude em relação ao envelhecimento pode ter efeitos profundos na forma como ele se desenrola. Pessoas que veem o envelhecimento como uma oportunidade de crescimento contínuo, que mantêm senso de propósito e significado, e que cultivam gratidão e aceitação tendem a experimentar trajetórias de envelhecimento mais positivas. É como se a própria expectativa sobre o envelhecimento pudesse influenciar a forma como ele acontece.

Estereótipos negativos sobre envelhecimento podem se tornar profecias autorrealizáveis. Quando pessoas mais velhas internalizam crenças de que são inevitavelmente menos capazes, podem inconscientemente limitar suas próprias oportunidades de crescimento e desafio. Conversamente, quando mantêm expectativas positivas sobre suas capacidades, podem continuar se desenvolvendo de formas surpreendentes.

A pesquisa sobre centenários cognitivamente saudáveis revela padrões interessantes. Muitos mantiveram atividade intelectual intensa ao longo da vida, cultivaram relacionamentos sociais ricos, desenvolveram estratégias eficazes para lidar com o estresse, e mantiveram senso de humor e curiosidade sobre o mundo. Não são necessariamente pessoas que evitaram todas as dificuldades da vida, mas pessoas que aprenderam a navegar por essas dificuldades com resiliência.

A tecnologia moderna oferece novas oportunidades para apoiar o envelhecimento cerebral saudável. Aplicativos de treinamento cognitivo, embora não sejam panaceias, podem fornecer estimulação mental estruturada. Tecnologias de realidade virtual podem permitir experiências imersivas que promovem aprendizado e engajamento. Dispositivos de monitoramento podem ajudar a rastrear padrões de sono, exercício, e outros fatores que influenciam a saúde cerebral.

Mas talvez a descoberta mais importante sobre o envelhecimento cerebral seja que ele não é um processo uniforme ou inevitável. Há uma variabilidade enorme entre indivíduos na forma como seus cérebros envelhecem. Alguns podem mostrar declínio significativo, enquanto outros mantêm função excelente até idades muito avançadas. Essa variabilidade sugere que temos muito mais controle sobre nosso destino cognitivo do que anteriormente pensávamos.

O conceito de "envelhecimento bem-sucedido" está evoluindo para incluir não apenas a ausência de doença, mas a presença de vitalidade, propósito, e crescimento contínuo. É uma visão que reconhece que cada estágio da vida tem seus próprios dons e possibilidades únicas. O cérebro maduro pode não ter a velocidade de processamento do cérebro jovem, mas pode ter algo ainda mais valioso: sabedoria.

A sabedoria, descobrimos, tem suas próprias bases neurobiológicas. Envolve a integração de conhecimento, experiência, e julgamento de formas que promovem bem-estar tanto para o indivíduo quanto para a comunidade. Cérebros sábios mostram padrões únicos de ativação que refletem maior integração entre regiões cognitivas e emocionais, melhor regulação emocional, e perspectiva mais ampla sobre os desafios da vida.

Olhando para o futuro, nossa compreensão crescente do envelhecimento cerebral promete informar estratégias para promover longevidade cognitiva e qualidade de vida na idade avançada. Imagine intervenções personalizadas baseadas no perfil neurológico individual, ou ambientes projetados especificamente para apoiar o florescimento cognitivo em todas as idades.

O envelhecimento cerebral nos ensina que a vida não é uma trajetória simples de crescimento seguido por declínio, mas uma jornada complexa de mudança contínua onde perdas e ganhos se entrelaçam de formas únicas para cada indivíduo. Cada cérebro que envelhece é uma biblioteca viva de experiências, um repositório de sabedoria acumulada, e um testemunho da capacidade extraordinária da mente humana de se adaptar e crescer ao longo de toda a vida.

O outono neural não é o fim da história, mas um novo capítulo com suas próprias possibilidades e belezas. É um lembrete de que, independentemente da nossa idade, sempre temos o potencial de aprender, crescer, e contribuir para o mundo de formas significativas. O cérebro maduro não é uma versão diminuída do cérebro jovem - é uma obra de arte única, esculpida por décadas de experiência e polida pela sabedoria que só o tempo pode trazer.

CAPÍTULO 8: EXTENSÕES DIGITAIS - COMO A TECNOLOGIA REMODELA NOSSA MENTE

Imagine por um momento que você pudesse viajar no tempo e mostrar um smartphone para alguém que viveu há apenas cem anos. Como você explicaria que esse pequeno dispositivo contém mais poder computacional do que existia em todo o mundo na época deles? Como descreveria que bilhões de pessoas carregam esses portais para o conhecimento humano em seus bolsos, conectados instantaneamente a uma rede global de informação que nunca dorme? E como você explicaria que, apesar de todo esse poder, muitas vezes nos sentimos mais distraídos, ansiosos, e fragmentados do que nunca?

A relação entre tecnologia e cérebro humano é uma das histórias mais fascinantes e complexas da nossa era. Não somos simplesmente usuários passivos de ferramentas digitais; somos participantes ativos numa dança evolutiva onde tecnologia e neurobiologia se influenciam mutuamente de formas que estamos apenas começando a compreender. Cada clique, cada deslizar de dedo, cada notificação que recebemos está literalmente remodelando os circuitos neurais que definem quem somos.

Para compreender como a tecnologia afeta nosso cérebro, precisamos primeiro reconhecer que o cérebro humano é fundamentalmente plástico - capaz de se reorganizar em resposta a novas experiências. Essa plasticidade, que evoluiu para nos ajudar a nos adaptar a ambientes em mudança, não distingue entre experiências "naturais" e "artificiais". Quando passamos horas navegando na internet, jogando videogames, ou interagindo em redes sociais, estamos fornecendo ao nosso cérebro um tipo de experiência que é qualitativamente diferente de qualquer coisa que nossa espécie encontrou durante milhões de anos de evolução.

A internet, em particular, criou um ambiente informacional sem precedentes. Temos acesso instantâneo a mais informação do que qualquer ser humano na história, mas essa abundância vem com custos neurológicos sutis. Nosso cérebro evoluiu para processar informação de forma sequencial e focada, mas a web nos encoraja a saltar rapidamente entre tópicos, a escanear superficialmente em vez de ler profundamente, e a buscar constantemente novidade em vez de contemplar profundidade.

Pesquisas sugerem que o uso intensivo da internet pode estar alterando nossa capacidade de atenção sustentada. É como se estivéssemos treinando nosso cérebro para ser um velocista mental quando muitas das tarefas mais importantes da vida requerem resistência de maratonista. A capacidade de se concentrar profundamente numa única tarefa por períodos prolongados - o que o pesquisador Cal Newport chama de "trabalho profundo" - pode estar se tornando uma habilidade cada vez mais rara.

Mas seria simplista demais caracterizar todos os efeitos da tecnologia como negativos. Videogames, por exemplo, podem melhorar certas habilidades cognitivas de formas mensuráveis. Jogadores experientes frequentemente mostram melhor coordenação visual-motora, tomada de decisões mais rápida, e maior capacidade de rastrear múltiplos objetos simultaneamente. É como se certos tipos de jogos fossem academias para habilidades cognitivas específicas.

Jogos de estratégia podem melhorar funções executivas como planejamento e resolução de problemas. Jogos de ação podem acelerar o processamento visual e melhorar a atenção seletiva. Jogos sociais podem desenvolver habilidades de cooperação e comunicação. O segredo está na moderação e na escolha consciente de experiências digitais que promovem crescimento em vez de simplesmente consumo passivo.

As redes sociais representam talvez o experimento neurológico mais massivo da história humana. Bilhões de pessoas estão simultaneamente participando de uma forma de interação social que não existia até recentemente. Essas plataformas exploram sistemas neurais que evoluíram para nos ajudar a navegar por grupos sociais pequenos e estáveis, mas agora os aplicam a redes de centenas ou milhares de conexões.

O sistema de recompensa cerebral, que exploramos no contexto do vício, é particularmente vulnerável às características das redes sociais. Curtidas, comentários, e compartilhamentos ativam os mesmos circuitos neurais que respondem a outras formas de validação social. O timing variável dessas recompensas - nunca sabemos exatamente quando receberemos uma resposta - cria um padrão de reforço intermitente que pode ser altamente viciante.

Mais preocupante ainda é o impacto das redes sociais na autoestima e comparação social. Quando constantemente expostos às versões cuidadosamente curadas da vida dos outros, é natural que nosso cérebro faça comparações que podem ser prejudiciais ao bem-estar mental. É como se estivéssemos comparando nossos bastidores com os destaques dos outros, uma comparação que raramente favorece nossa autoestima.

A multitarefa digital, embora frequentemente celebrada como uma habilidade moderna essencial, na verdade representa um desafio significativo para o cérebro humano. Nosso cérebro não é realmente capaz de fazer múltiplas tarefas simultaneamente; em vez disso, ele alterna rapidamente entre tarefas, um processo que reduz eficiência e aumenta erros. É como tentar assistir a múltiplos filmes ao mesmo tempo, alternando rapidamente entre eles - podemos ter a ilusão de acompanhar todas as histórias, mas nossa compreensão de cada uma inevitavelmente sofre.

O fenômeno da "atenção parcial contínua" - estar sempre parcialmente conectado a múltiplos fluxos de informação - pode estar criando um estado crônico de alerta que é neurologicamente exaustivo. Nosso cérebro nunca tem a oportunidade de verdadeiramente relaxar e consolidar experiências, permanecendo numa espécie de estado de prontidão constante que pode contribuir para ansiedade e fadiga mental.

Mas a tecnologia também está criando oportunidades extraordinárias para aprendizado e crescimento cognitivo. Plataformas educacionais online democratizaram o acesso ao conhecimento de formas que eram impensáveis há apenas algumas décadas. Qualquer pessoa com conexão à internet pode acessar cursos de universidades de elite, aprender novas habilidades através de tutoriais em vídeo, ou participar de comunidades globais de aprendizado.

A realidade virtual e aumentada estão abrindo possibilidades ainda mais fascinantes. Imagine poder "visitar" a Roma antiga, explorar o interior de uma célula, ou praticar cirurgia em ambientes virtuais seguros. Essas tecnologias podem criar experiências de aprendizado imersivas que engajam múltiplos sentidos e sistemas de memória simultaneamente, potencialmente tornando o aprendizado mais eficaz e duradouro.

Interfaces cérebro-computador representam a fronteira mais avançada da integração entre tecnologia e neurobiologia. Essas tecnologias podem permitir que pessoas com paralisia controlem dispositivos externos através do pensamento, que pessoas com depressão recebam estimulação neural personalizada, ou que indivíduos saudáveis aumentem suas capacidades cognitivas de formas antes imagináveis apenas na ficção científica.

Mas essas possibilidades também levantam questões éticas profundas. Se podemos melhorar artificialmente nossas capacidades cognitivas, isso criará uma nova forma de desigualdade entre aqueles que têm acesso a essas tecnologias e aqueles que não têm? Como preservamos nossa humanidade essencial enquanto nos tornamos cada vez mais integrados com máquinas? Essas são questões que nossa sociedade precisará navegar cuidadosamente.

A inteligência artificial está começando a funcionar como uma extensão externa de nossas capacidades cognitivas. Assistentes virtuais podem lembrar compromissos, algoritmos podem recomendar conteúdo, e sistemas de IA podem até mesmo ajudar na tomada de decisões complexas. É como ter um segundo cérebro digital que complementa nossas capacidades biológicas, mas isso também levanta questões sobre dependência e atrofia de habilidades.

Quando delegamos cada vez mais tarefas cognitivas para sistemas externos, corremos o risco de experimentar uma forma de "demência digital" - uma diminuição em nossas próprias capacidades devido à falta de uso. É similar ao que acontece com músculos que não são exercitados: eles gradualmente se enfraquecem. A chave é encontrar um equilíbrio onde a tecnologia aumenta nossas capacidades sem substituí-las completamente.

O sono, essa função crucial que exploramos em outros contextos, é particularmente vulnerável à interferência tecnológica. A luz azul emitida por telas pode suprimir a produção de melatonina, o hormônio que regula nossos ciclos de sono. Além disso, o conteúdo estimulante que consumimos antes de dormir pode manter nossa mente ativa quando deveria estar se preparando para o descanso.

Criar "higiene digital" - práticas conscientes sobre como e quando usamos tecnologia - está se tornando tão importante quanto a higiene física. Isso pode incluir estabelecer zonas livres de tecnologia em casa, implementar "toques de recolher" digitais antes de dormir, ou praticar períodos regulares de desconexão para permitir que o cérebro descanse e se recarregue.

A tecnologia também está mudando a natureza da memória humana. Quando sabemos que podemos facilmente pesquisar qualquer informação online, nosso cérebro pode estar se adaptando para lembrar menos fatos específicos e mais sobre onde encontrar informações. É uma mudança que pode ser adaptativa - por que memorizar a capital de cada país quando podemos pesquisá-la instantaneamente? - mas também pode ter implicações para como pensamos e fazemos conexões.

A criatividade, uma das capacidades humanas mais valorizadas, também está sendo influenciada pela tecnologia. Por um lado, ferramentas digitais podem democratizar a criação artística, permitindo que qualquer pessoa produza música, arte visual, ou conteúdo escrito com qualidade profissional. Por outro lado, a constante exposição a conteúdo criado por outros pode influenciar nossa própria originalidade, criando uma espécie de "eco chamber" criativo.

A educação está passando por uma transformação fundamental devido à tecnologia. Aprendizado personalizado, onde algoritmos adaptam conteúdo ao ritmo e estilo de cada estudante, pode otimizar a eficácia educacional. Simulações interativas podem tornar conceitos abstratos tangíveis. Colaboração global pode conectar estudantes de diferentes culturas e perspectivas.

Mas também precisamos estar atentos aos riscos de uma educação excessivamente digitalizada. A interação humana direta, a capacidade de concentração profunda, e o desenvolvimento de habilidades sociais podem sofrer se a tecnologia substituir completamente métodos tradicionais de ensino. O futuro da educação provavelmente requer uma integração cuidadosa de métodos digitais e analógicos.

Olhando para o futuro, a convergência entre neurociência e tecnologia promete desenvolvimentos ainda mais extraordinários. Imagine dispositivos que podem monitorar nosso estado mental em tempo real e ajustar nosso ambiente para otimizar bem-estar e produtividade. Ou tecnologias que podem detectar sinais precoces de transtornos neurológicos e intervir antes que sintomas se manifestem.

A chave para navegar por essa era de transformação tecnológica é desenvolver o que podemos chamar de "sabedoria digital" - a capacidade de usar tecnologia conscientemente para amplificar nossas melhores qualidades humanas enquanto minimizamos seus efeitos potencialmente prejudiciais. Isso requer não apenas compreender como a tecnologia funciona, mas também como ela interage com nossa neurobiologia.

Precisamos nos tornar curadores ativos de nossas experiências digitais, escolhendo conscientemente tecnologias que promovem crescimento, conexão, e bem-estar. É como ser um jardineiro da nossa própria paisagem mental, cultivando cuidadosamente as influências que permitimos em nosso espaço cognitivo.

A tecnologia não é inerentemente boa ou má para o cérebro humano - é uma ferramenta poderosa que pode ser usada de formas que promovem florescimento ou que causam dano. Nossa responsabilidade é aprender a usar essas ferramentas sabiamente, reconhecendo tanto seu potencial extraordinário quanto seus riscos significativos.

Em última análise, a história da tecnologia e do cérebro humano é uma história de coevolução. Assim como moldamos nossas tecnologias, elas nos moldam em retorno. A questão não é se devemos abraçar ou rejeitar a tecnologia, mas como podemos direcioná-la conscientemente para apoiar o florescimento humano. É uma responsabilidade que requer vigilância, sabedoria, e um compromisso contínuo com o que há de melhor em nossa natureza humana.

CAPÍTULO 9: SABORES DA COGNIÇÃO - ALIMENTAÇÃO E PERFORMANCE CEREBRAL

Existe um momento peculiar que todos nós experimentamos, mas raramente contemplamos: aquele instante quando o aroma de uma refeição caseira nos transporta instantaneamente para a infância, evocando memórias tão vívidas que quase podemos sentir a textura do tempo. Nesse momento, não estamos apenas cheirando comida - estamos experimentando uma das conexões mais íntimas entre corpo e mente, uma demonstração poderosa de como aquilo que comemos não apenas nutre nosso corpo, mas literalmente molda nossa experiência consciente.

O cérebro humano, apesar de representar apenas cerca de 2% do peso corporal, consome aproximadamente 20% de toda a energia que produzimos. É um órgão metabolicamente voraz que requer um suprimento constante de nutrientes para manter suas funções extraordinariamente complexas. Cada pensamento que temos, cada memória que formamos, cada emoção que sentimos depende de uma orquestra bioquímica delicada que é diretamente influenciada pelo que escolhemos colocar em nossos pratos.

Para compreender como a alimentação afeta o cérebro, precisamos primeiro reconhecer que não existe uma barreira impermeável entre o que acontece em nosso sistema digestivo e o que acontece em nossa mente. O intestino e o cérebro estão conectados através do que os cientistas chamam de eixo intestino-cérebro, uma rede de comunicação bidirecional que envolve nervos, hormônios, e até mesmo bactérias.

O nervo vago, uma das principais vias dessa comunicação,

transmite sinais constantemente entre o intestino e o cérebro. Quando comemos, não estamos apenas fornecendo combustível para o corpo - estamos enviando mensagens químicas complexas que podem influenciar humor, cognição, e até mesmo personalidade. É como se cada refeição fosse uma carta enviada do intestino para o cérebro, carregando informações sobre o estado nutricional e metabólico do corpo.

A glicose, o açúcar simples que serve como combustível primário para o cérebro, oferece um exemplo fascinante de como a alimentação afeta diretamente a função cognitiva. Quando os níveis de glicose no sangue estão estáveis, nosso cérebro funciona de forma otimizada. Mas quando esses níveis flutuam dramaticamente - subindo rapidamente após uma refeição rica em açúcar e depois despencando - nossa capacidade de concentração, tomada de decisões, e controle emocional pode ser significativamente prejudicada.

É por isso que o café da manhã realmente pode ser "a refeição mais importante do dia", pelo menos do ponto de vista neurológico. Após uma noite de jejum, o cérebro está particularmente sensível aos nutrientes que recebe pela manhã. Uma refeição equilibrada pode estabelecer um padrão de energia estável que sustenta a função cognitiva ao longo do dia, enquanto pular o café da manhã ou consumir apenas açúcares simples pode criar uma montanha-russa metabólica que deixa o cérebro lutando para manter o equilíbrio.

Os ácidos graxos ômega-3, encontrados em peixes gordurosos, nozes, e sementes, representam outro exemplo poderoso da conexão entre alimentação e função cerebral. Esses ácidos graxos são componentes estruturais essenciais das membranas celulares neurais, influenciando a fluidez e funcionalidade dessas membranas. Quando não consumimos ômega-3 suficiente, é como tentar construir uma casa com materiais de qualidade inferior - a estrutura pode funcionar, mas não de forma otimizada.

Pesquisas mostram que pessoas com níveis mais altos de ômega-3 no sangue tendem a ter melhor função cognitiva, menor risco de depressão, e até mesmo maior volume de matéria cinzenta em certas regiões cerebrais. É uma demonstração elegante de como nutrientes específicos podem ter efeitos mensuráveis na estrutura e função do cérebro.

Os antioxidantes, encontrados abundantemente em frutas e vegetais coloridos, servem como soldados moleculares que protegem o cérebro contra o estresse oxidativo. O cérebro, devido ao seu alto consumo de oxigênio e rica concentração de gorduras, é particularmente vulnerável aos danos causados pelos radicais livres. Antioxidantes como vitamina C, vitamina E, e compostos como os flavonoides encontrados em mirtilos e chocolate escuro podem neutralizar esses radicais livres antes que causem danos.

Estudos sugerem que dietas ricas em antioxidantes podem retardar o declínio cognitivo relacionado à idade e reduzir o risco de doenças neurodegenerativas. É como se esses compostos fossem um sistema de manutenção preventiva para o cérebro, reparando pequenos danos antes que se acumulem em problemas maiores.

A microbiota intestinal - a vasta comunidade de bactérias que vive em nosso sistema digestivo - representa uma das descobertas mais fascinantes da neurociência nutricional moderna. Essas bactérias não são apenas passageiros passivos; elas produzem neurotransmissores, influenciam a inflamação, e podem até mesmo afetar nosso humor e comportamento. É como ter um segundo cérebro em nosso intestino, um que está constantemente em diálogo com o cérebro em nossa cabeça.

Diferentes tipos de alimentos promovem o crescimento de diferentes tipos de bactérias intestinais. Dietas ricas em fibras alimentam bactérias benéficas que produzem compostos anti-inflamatórios. Dietas ricas em açúcar e alimentos processados podem promover o crescimento de bactérias que produzem compostos inflamatórios. É uma demonstração poderosa de como nossas escolhas alimentares podem literalmente remodelar o ecossistema microbiano que influencia nossa saúde mental.

A serotonina, frequentemente chamada de "hormônio da felicidade", oferece um exemplo particularmente intrigante dessa conexão intestino-cérebro. Aproximadamente 90% da serotonina do corpo é produzida no intestino, não no cérebro. Embora essa serotonina intestinal não possa cruzar diretamente a barreira hematoencefálica, ela pode influenciar a produção de serotonina cerebral através de vias indiretas complexas.

Alimentos ricos em triptofano - um aminoácido precursor da serotonina - como peru, ovos, e queijo, podem potencialmente influenciar os níveis de serotonina. Mas a relação não é simples: o triptofano compete com outros aminoácidos para entrar no cérebro, então o contexto da refeição inteira importa mais do que qualquer alimento individual.

A cafeína, a droga psicoativa mais consumida no mundo, oferece insights fascinantes sobre como substâncias alimentares podem afetar diretamente a função cerebral. A cafeína funciona bloqueando receptores de adenosina, uma substância química que se acumula no cérebro ao longo do dia e nos faz sentir sonolentos. É como colocar um tampão no sistema de drenagem da energia mental, permitindo que a alertness se acumule.

Mas a cafeína também demonstra como mesmo substâncias benéficas podem ter efeitos complexos. Embora possa melhorar a atenção e o humor a curto prazo, o uso excessivo pode levar à tolerância, dependência, e distúrbios do sono que podem prejudicar a função cognitiva a longo prazo. É um lembrete de que mesmo quando se trata de nutrição cerebral, moderação e timing são cruciais.

O jejum intermitente, uma prática alimentar que alterna períodos de alimentação com períodos de jejum, está emergindo como uma estratégia potencialmente benéfica para a saúde cerebral. Durante o jejum, o cérebro muda de usar glicose como combustível primário para usar cetonas, um combustível alternativo derivado da quebra de gorduras. Essa mudança metabólica pode estimular a produção de fatores de crescimento neural e promover a autofagia - um processo de limpeza celular que remove componentes danificados.

Estudos em animais sugerem que o jejum intermitente pode melhorar a função cognitiva, aumentar a resistência ao estresse, e até mesmo promover a neurogênese. Em humanos, os resultados são mais mistos, mas há evidências crescentes de que períodos controlados de jejum podem ter benefícios neurológicos. É como dar ao cérebro uma oportunidade de fazer uma limpeza profunda, removendo detritos metabólicos e otimizando suas funções.

A hidratação, embora frequentemente negligenciada, é crucial para a função cerebral otimizada. O cérebro é aproximadamente 75% água, e mesmo uma desidratação leve pode afetar a concentração, memória, e humor. Quando estamos desidratados, o volume sanguíneo diminui, reduzindo o fluxo de oxigênio e nutrientes para o cérebro. É como tentar operar uma máquina sofisticada com combustível insuficiente.

A relação entre alimentação e transtornos mentais está se tornando cada vez mais clara. Dietas ricas em alimentos processados, açúcar, e gorduras trans estão associadas a maior risco de depressão e ansiedade. Conversamente, dietas ricas em alimentos integrais, vegetais, e peixes estão associadas a melhor saúde mental. A dieta mediterrânea, em particular, tem mostrado efeitos protetivos contra depressão em múltiplos estudos.

Essa conexão não é apenas correlacional - há mecanismos biológicos plausíveis. Alimentos inflamatórios podem promover inflamação sistêmica que afeta o cérebro. Deficiências nutricionais podem prejudicar a produção de neurotransmissores. Flutuações extremas de açúcar no sangue podem afetar a estabilidade do humor. É como se a qualidade da nossa alimentação fosse um termostato para nossa saúde mental.

O timing das refeições também importa para a função cerebral. Nosso cérebro, como o resto do nosso corpo, opera segundo ritmos circadianos - ciclos biológicos de aproximadamente 24 horas que regulam muitas funções fisiológicas. Comer em horários irregulares pode desregular esses ritmos, afetando não apenas o sono, mas também a cognição e o humor.

Refeições tardias, em particular, podem interferir com a qualidade do sono, que por sua vez afeta a consolidação da memória e a limpeza de toxinas cerebrais. É como tentar sincronizar múltiplos relógios biológicos - quando eles estão desalinhados, todo o sistema funciona de forma subótima.

A educação nutricional está se tornando cada vez mais importante à medida que compreendemos melhor essas conexões. Mas não se trata apenas de memorizar listas de "superalimentos" ou seguir dietas da moda. Trata-se de desenvolver uma compreensão intuitiva de como diferentes alimentos afetam nosso corpo e mente, e de fazer escolhas conscientes baseadas nesse conhecimento.

Cada pessoa é única em termos de genética, microbiota, estilo de vida, e necessidades nutricionais. O que funciona otimamente para uma pessoa pode não funcionar para outra. É por isso que a abordagem mais eficaz para a nutrição cerebral é frequentemente experimental e personalizada - prestando atenção a como diferentes alimentos afetam nossa energia, humor, e cognição, e ajustando nossa dieta de acordo.

A culinária, vista através da lente da neurociência, torna-se mais do que apenas preparação de alimentos - torna-se uma forma de medicina preventiva para o cérebro. Cada ingrediente que escolhemos, cada método de preparo que usamos, cada combinação de sabores que criamos pode influenciar nossa função cognitiva e bem-estar mental.

Olhando para o futuro, a nutrição personalizada baseada em perfis genéticos, microbiota individual, e biomarcadores específicos pode revolucionar como abordamos a alimentação para a saúde cerebral. Imagine dietas customizadas que otimizam a função cognitiva para cada indivíduo, ou alimentos funcionais projetados especificamente para promover neuroplasticidade e resiliência mental.

Mas mesmo sem essas tecnologias futuristas, já temos conhecimento suficiente para fazer escolhas alimentares que apoiam a saúde cerebral. A chave é reconhecer que cada refeição é uma oportunidade de nutrir não apenas nosso corpo, mas também nossa mente. É uma perspectiva que transforma o ato de comer de uma necessidade biológica em uma prática consciente de autocuidado neurológico.

A alimentação e o cérebro estão entrelaçados numa dança bioquímica complexa que afeta cada aspecto da nossa experiência consciente. Compreender essa conexão nos empodera para fazer escolhas que promovem não apenas saúde física, mas também clareza mental, estabilidade emocional, e bem-estar cognitivo. É um lembrete poderoso de que cuidar da nossa mente começa, literalmente, com o que colocamos em nossos pratos.

CAPÍTULO 10: SINFONIAS NEURAIS - ARTE, CRIATIVIDADE E O CÉREBRO ESTÉTICO

Há um momento mágico que todos nós reconhecemos, mas que desafia explicação científica simples: aquele instante quando uma obra de arte nos toca profundamente, quando uma melodia nos arrepia, quando uma pintura nos deixa sem palavras, ou quando um poema captura perfeitamente um sentimento que nunca conseguimos expressar. Nesse momento, algo extraordinário está acontecendo em nosso cérebro - uma sinfonia neural complexa que conecta percepção, emoção, memória, e significado numa experiência unificada que chamamos de beleza.

A arte representa uma das características mais distintamente humanas da nossa espécie. Enquanto outros animais podem usar ferramentas, comunicar-se, e até mesmo mostrar comportamentos que parecem altruístas, apenas os humanos criam arte pelo puro prazer da criação estética. Pinturas rupestres de 40.000 anos atrás revelam que nossos ancestrais, mesmo enfrentando desafios básicos de sobrevivência, dedicavam tempo e energia para criar imagens que não tinham função utilitária óbvia. Era como se a necessidade de criar beleza fosse tão fundamental quanto a necessidade de encontrar comida ou abrigo.

Para compreender por que a arte exerce um poder tão profundo sobre nós, precisamos explorar como o cérebro processa experiências estéticas. Quando contemplamos uma obra de arte, não estamos simplesmente registrando informação visual ou auditiva. Estamos engajando uma rede neural complexa que inclui regiões responsáveis por percepção sensorial, processamento emocional, recuperação de memórias, e até mesmo simulação motora.

A neurociência da percepção visual revela que nosso cérebro não é um receptor passivo de imagens, mas um intérprete ativo que constantemente constrói nossa experiência visual. Quando olhamos para uma pintura, nosso sistema visual automaticamente detecta padrões, contrastes, movimentos, e proporções. Mas além desse processamento básico, regiões cerebrais superiores começam a extrair significado, fazer associações, e gerar respostas emocionais.

O conceito de "neurônios artísticos" - células que respondem especificamente a características estéticas como simetria, proporção áurea, ou contrastes harmoniosos - sugere que nosso cérebro pode ter circuitos dedicados ao reconhecimento da beleza. É como se a evolução tivesse nos equipado com detectores internos de qualidade estética, embora as razões para isso permaneçam objeto de debate científico.

Uma teoria fascinante sugere que nossa apreciação estética evoluiu como um subproduto de outras capacidades adaptativas. A capacidade de detectar padrões, por exemplo, era crucial para sobrevivência - ajudava nossos ancestrais a encontrar comida, evitar predadores, e navegar por ambientes complexos. A arte pode explorar essa mesma capacidade de detecção de padrões, criando experiências que são intrinsecamente satisfatórias porque ativam sistemas neurais que evoluíram para nos recompensar por reconhecer ordem no caos.

A música oferece insights particularmente ricos sobre como o cérebro processa arte. Quando ouvimos música, múltiplas regiões cerebrais se ativam simultaneamente: áreas auditivas processam frequências e timbres, regiões motoras respondem ao ritmo, centros emocionais reagem à harmonia e melodia, e sistemas de memória recuperam associações pessoais. É como se a música fosse uma linguagem universal que fala diretamente com diferentes aspectos da nossa neurobiologia.

O fenômeno dos "arrepios musicais" - aquela sensação física que experimentamos quando uma música nos toca profundamente - tem bases neurobiológicas específicas. Estudos mostram que esses momentos estão associados à liberação de dopamina no sistema de recompensa cerebral, o mesmo neurotransmissor envolvido em outras experiências prazerosas. É como se nosso cérebro tratasse a beleza musical como uma recompensa genuína, digna de atenção e busca.

Mas a música faz mais do que simplesmente nos dar prazer. Ela pode sincronizar atividade neural entre diferentes regiões cerebrais, promover neuroplasticidade, e até mesmo facilitar a recuperação de lesões neurológicas. Terapia musical tem mostrado eficácia no tratamento de condições que vão desde depressão até doença de Parkinson. É como se a música fosse uma ferramenta terapêutica que pode literalmente harmonizar o cérebro.

A criatividade, o processo através do qual geramos ideias novas e valiosas, envolve uma dança complexa entre diferentes redes neurais. Tradicionalmente, pensava-se que a criatividade era principalmente uma função do hemisfério direito do cérebro, mas pesquisas modernas revelam uma realidade mais nuançada. A criatividade emerge da interação dinâmica entre múltiplas redes: a rede de modo padrão (associada ao devaneio e geração de ideias), a rede executiva (responsável por avaliação e refinamento), e a rede de saliência (que alterna entre as outras duas).

O processo criativo frequentemente envolve o que os pesquisadores chamam de "pensamento divergente" - a capacidade de gerar múltiplas soluções para um problema. Isso contrasta com o pensamento convergente, que foca em encontrar a resposta "correta" única. Pessoas altamente criativas frequentemente mostram maior conectividade entre regiões cerebrais que normalmente não se comunicam intensamente, permitindo associações incomuns que podem levar a insights inovadores.

O estado de "fluxo" - aquela experiência de absorção total numa atividade criativa onde perdemos a noção do tempo e do eu - tem características neurais distintivas. Durante o fluxo, a rede de modo padrão, que normalmente está ativa quando nossa mente vaga, mostra atividade reduzida. É como se o cérebro temporariamente "desligasse" sua tendência à autocrítica e distração, permitindo foco total na tarefa criativa.

A sinestesia, uma condição onde estímulos em uma modalidade sensorial automaticamente desencadeiam percepções em outra modalidade, oferece insights únicos sobre criatividade. Pessoas sinestésicas podem "ver" sons como cores ou "sentir" números como texturas. Essa conectividade neural incomum está associada a maior criatividade, sugerindo que conexões neurais não convencionais podem facilitar pensamento inovador.

A arte visual ativa não apenas regiões visuais, mas também áreas motoras do cérebro. Quando observamos uma pincelada dinâmica ou uma escultura que sugere movimento, nosso córtex motor se ativa como se estivéssemos realizando esses movimentos nós mesmos. É uma forma de empatia motora que nos permite "sentir" a energia e intenção do artista através da obra.

Essa simulação motora pode explicar por que diferentes estilos artísticos evocam respostas emocionais distintas. Pinceladas suaves e fluidas podem ativar representações motoras de movimentos calmos, promovendo sensações de tranquilidade. Traços angulares e abruptos podem ativar representações de movimentos tensos, criando sensações de energia ou agitação.

A apreciação estética também envolve processos cognitivos superiores como interpretação simbólica e contextualização cultural. Quando vemos uma obra de arte, não estamos apenas processando suas características visuais básicas, mas também acessando nosso conhecimento sobre história da arte, simbolismo cultural, e experiências pessoais relevantes. É como se cada obra de arte fosse um texto complexo que requer múltiplas camadas de decodificação.

A educação artística pode literalmente remodelar o cérebro de formas benéficas. Crianças que recebem treinamento musical mostram melhor desenvolvimento em áreas responsáveis por linguagem, matemática, e funções executivas. Treinamento em artes visuais pode melhorar habilidades de observação e atenção aos detalhes. É como se a arte fosse um exercício para capacidades cognitivas mais amplas.

Mas os benefícios da arte vão além do desenvolvimento cognitivo. Engajamento artístico pode reduzir estresse, melhorar humor, e promover bem-estar psicológico. Isso acontece através de múltiplos mecanismos: a arte pode servir como uma forma de expressão emocional, pode promover estados meditativos de foco, e pode facilitar conexão social quando compartilhada com outros.

A terapia artística explora esses benefícios terapêuticos de forma sistemática. Para pessoas que têm dificuldade em expressar emoções verbalmente, a arte pode fornecer um canal alternativo de comunicação. Para aqueles que sofreram traumas, a criação artística pode oferecer uma forma segura de processar experiências difíceis. É como se a arte fosse uma linguagem emocional que pode comunicar o que palavras não conseguem expressar.

A neuroplasticidade que exploramos em capítulos anteriores é particularmente evidente no contexto artístico. Músicos profissionais mostram expansão das regiões cerebrais responsáveis pelo controle motor fino e processamento auditivo. Artistas visuais podem desenvolver maior acuidade visual e melhor coordenação visual-motora. É uma demonstração poderosa de como a prática artística pode literalmente esculpir o cérebro.

A tecnologia moderna está criando novas formas de arte que desafiam nossa compreensão tradicional de criatividade. Arte gerada por inteligência artificial, realidade virtual imersiva, e instalações interativas estão expandindo as fronteiras do que consideramos arte. Essas novas formas podem ativar circuitos neurais de formas inéditas, criando experiências estéticas que não eram possíveis antes.

Mas mesmo com essas inovações tecnológicas, algo fundamental sobre a experiência artística permanece constante: a capacidade da arte de nos conectar com aspectos profundos da experiência humana. Seja através de uma pintura rupestre de 40.000 anos ou de uma instalação de realidade virtual contemporânea, a arte continua a falar com partes de nós que transcendem linguagem e lógica.

A universalidade de certas preferências estéticas - como a atração por paisagens naturais, simetria facial, ou proporções harmoniosas - sugere que alguns aspectos da apreciação artística podem estar profundamente enraizados em nossa biologia. Mas a diversidade cultural na expressão artística demonstra que a criatividade humana pode florescer em direções infinitamente variadas dentro dessas limitações biológicas.

A arte também serve como uma forma de comunicação temporal, permitindo que artistas de épocas passadas "falem" conosco através de suas criações. Quando contemplamos uma escultura grega antiga ou ouvimos uma composição de Bach, estamos literalmente compartilhando experiências neurais com pessoas que viveram séculos atrás. É uma forma de imortalidade que transcende a mortalidade biológica individual.

Olhando para o futuro, nossa compreensão crescente da neurociência da arte promete informar tanto a criação quanto a apreciação artística. Imagine obras de arte projetadas especificamente para otimizar respostas neurais específicas, ou terapias artísticas personalizadas baseadas no perfil neurológico individual de cada pessoa.

Mas talvez a descoberta mais importante da neurociência da arte seja que a criatividade não é um dom misterioso reservado para alguns poucos escolhidos. É uma capacidade fundamental do cérebro humano que pode ser cultivada e desenvolvida. Cada um de nós carrega dentro do crânio os circuitos neurais necessários para criar e apreciar beleza.

A arte nos lembra de que somos mais do que máquinas biológicas programadas apenas para sobrevivência e reprodução. Somos seres capazes de criar e contemplar beleza pelo puro prazer da experiência estética. Essa capacidade pode não ter valor de sobrevivência óbvio, mas pode ser exatamente o que nos torna mais profundamente humanos.

Em última análise, a neurociência da arte revela que a criatividade e a apreciação estética são características centrais, não periféricas, da experiência humana. Elas emergem da mesma neurobiologia sofisticada que nos permite pensar, sentir, e se conectar uns com os outros. Cada obra de arte que criamos ou contemplamos é um testemunho da extraordinária capacidade do cérebro humano de transformar percepção em significado, experiência em expressão, e consciência em criação.

CAPÍTULO 11: MERGULHOS NA INCONSCIÊNCIA – O MISTÉRIO DO SONO E DOS SONHOS

Todas as noites, sem exceção, cada um de nós embarca numa jornada extraordinária que desafia nossa compreensão da realidade. Fechamos os olhos, perdemos a consciência do mundo ao nosso redor, e mergulhamos num estado alterado onde as leis da física podem ser suspensas, onde pessoas mortas voltam à vida, onde podemos voar ou nos transformar em outras criaturas. Durante aproximadamente um terço de nossas vidas, habitamos esse reino misterioso que chamamos de sono, um estado que por muito tempo foi considerado simplesmente uma pausa na vida consciente, mas que a neurociência moderna revela ser um período de atividade cerebral intensa e crucial.

O sono não é um estado uniforme de inconsciência, mas uma jornada cíclica através de diferentes estágios, cada um com suas próprias características neurológicas e funções específicas. É como se nosso cérebro fosse um teatro que apresenta diferentes peças ao longo da noite, cada uma com seu próprio elenco de neurônios, seu próprio roteiro de atividade elétrica, e seu próprio propósito na grande narrativa da manutenção neural.

O ciclo do sono começa com o estágio 1, uma transição suave entre vigília e sono onde as ondas cerebrais gradualmente diminuem de frequência. É um estado liminar onde ainda podemos ser facilmente despertados, onde nossa consciência flutua entre o mundo externo e interno. Muitas pessoas experimentam a sensação de "cair" durante essa transição, um fenômeno chamado de espasmo hipnagógico que pode ser um vestígio evolutivo de quando nossos ancestrais dormiam em árvores.

O estágio 2 marca a entrada verdadeira no sono, caracterizado por padrões únicos de atividade cerebral chamados fusos do sono e complexos K. Esses padrões representam a atividade coordenada de milhões de neurônios trabalhando juntos para manter o estado de sono e filtrar estímulos externos. É como se o cérebro estivesse ajustando seus filtros sensoriais, decidindo quais sons ou sensações são importantes o suficiente para nos despertar.

Os estágios 3 e 4, coletivamente conhecidos como sono de ondas lentas ou sono profundo, representam o período mais restaurador do ciclo do sono. Durante esses estágios, as ondas cerebrais se tornam grandes e lentas, sincronizadas numa dança rítmica que facilita processos cruciais de manutenção e reparo. É durante o sono profundo que o sistema glinfático do cérebro se torna mais ativo, lavando toxinas que se acumularam durante o dia, incluindo proteínas associadas à doença de Alzheimer.

O sono REM (Rapid Eye Movement), que ocorre principalmente na segunda metade da noite, é talvez o estágio mais fascinante e misterioso. Durante o REM, nosso cérebro se torna quase tão ativo quanto durante a vigília, mas nosso corpo fica temporariamente paralisado, exceto pelos músculos respiratórios e os músculos que controlam os movimentos oculares rápidos que dão nome a esse estágio. É como se a mente fosse liberada das limitações físicas para explorar realidades alternativas.

É durante o sono REM que ocorrem nossos sonhos mais vívidos e complexos. A neurociência dos sonhos revela que eles não são simplesmente produtos aleatórios de um cérebro adormecido, mas processos sofisticados que podem servir múltiplas funções importantes. Uma teoria sugere que os sonhos são uma forma de "teatro mental" onde o cérebro ensaia cenários possíveis, processa emoções, e integra experiências do dia com memórias existentes.

A consolidação da memória é uma das funções mais bem estabelecidas do sono. Durante o sono, particularmente durante o sono de ondas lentas, o cérebro reproduz e fortalece padrões neurais associados a experiências importantes do dia. É como se o cérebro fosse um editor trabalhando durante a noite, decidindo quais experiências merecem ser preservadas na memória de longo prazo e quais podem ser descartadas.

Estudos mostram que pessoas que dormem após aprender uma nova habilidade ou informação se saem melhor em testes subsequentes do que aquelas que permanecem acordadas. O sono não apenas preserva memórias, mas pode também reorganizá-las de formas criativas, facilitando insights e soluções para problemas. É por isso que frequentemente "dormimos com um problema" e acordamos com uma solução clara.

O sono REM parece ser particularmente importante para o processamento emocional e a criatividade. Durante esse estágio, conexões incomuns podem ser formadas entre diferentes áreas cerebrais, permitindo associações criativas que podem não ocorrer durante a vigília. Muitos artistas e cientistas relataram ter suas melhores ideias em sonhos ou logo após acordar, sugerindo que o sono pode ser um período de incubação criativa.

A regulação do sono é controlada por dois sistemas principais: o ritmo circadiano e a pressão homeostática do sono. O ritmo circadiano é nosso relógio biológico interno, sincronizado principalmente pela exposição à luz, que nos faz sentir alerta durante o dia e sonolentos à noite. A pressão homeostática do sono é o acúmulo gradual de substâncias promotoras do sono, como a adenosina, que se acumulam no cérebro durante a vigília.

A melatonina, frequentemente chamada de "hormônio do sono", é produzida pela glândula pineal em resposta à escuridão. Ela não causa sono diretamente, mas sinaliza ao corpo que é hora de se preparar para dormir. É como um maestro que dá o sinal para que a orquestra biológica comece a tocar a sinfonia do sono.

A privação do sono tem efeitos devastadores na função cerebral que vão muito além da simples sonolência. Mesmo uma noite de sono inadequado pode prejudicar a atenção, a tomada de decisões, a regulação emocional, e a função imunológica. A privação crônica do sono está associada a maior risco de depressão, ansiedade, obesidade, diabetes, e doenças cardiovasculares.

O cérebro privado de sono mostra padrões de ativação alterados, com o córtex pré-frontal - responsável por funções executivas - sendo particularmente afetado. É como tentar operar um computador sofisticado com energia insuficiente; algumas funções podem continuar operando, mas a performance geral fica significativamente comprometida.

Os distúrbios do sono revelam a complexidade dos sistemas neurais que controlam o sono e a vigília. A insônia, o distúrbio do sono mais comum, pode resultar de hiperativação de sistemas de alerta, disfunção nos mecanismos promotores do sono, ou desregulação dos ritmos circadianos. É como ter um sistema de alarme que não consegue ser desligado, mantendo o cérebro em estado de alerta quando deveria estar descansando.

A apneia do sono, onde a respiração é repetidamente interrompida durante o sono, pode causar fragmentação do sono e redução dos níveis de oxigênio no cérebro. Isso pode levar a problemas cognitivos, alterações de humor, e maior risco de acidentes vasculares cerebrais. É um lembrete de como o sono e outros sistemas corporais estão intimamente interconectados.

A narcolepsia oferece insights únicos sobre os mecanismos neurais do sono. Pessoas com narcolepsia podem experimentar ataques súbitos de sono REM durante o dia, cataplexia (perda súbita de tônus muscular), e alucinações hipnagógicas. Essa condição resulta da perda de neurônios que produzem orexina, um neurotransmissor crucial para manter a vigília.

Os sonhos lúcidos, onde a pessoa se torna consciente de que está sonhando e pode até mesmo controlar o conteúdo do sonho, oferecem uma janela fascinante para a consciência durante o sono. Estudos de neuroimagem de sonhadores lúcidos mostram ativação aumentada no córtex pré-frontal, sugerindo que a lucidez nos sonhos envolve o "despertar" de regiões cerebrais normalmente menos ativas durante o sono REM.

A idade afeta profundamente os padrões de sono. Bebês passam muito mais tempo em sono REM do que adultos, possivelmente refletindo a intensa atividade de desenvolvimento cerebral que ocorre durante os primeiros anos de vida. Pessoas mais velhas frequentemente experimentam sono mais fragmentado e menos sono profundo, o que pode contribuir para problemas cognitivos relacionados à idade.

A tecnologia moderna criou novos desafios para a higiene do sono. A luz azul emitida por telas pode suprimir a produção de melatonina, atrasando o início do sono. O conteúdo estimulante que consumimos antes de dormir pode manter nossa mente ativa quando deveria estar se preparando para o descanso. É como tentar adormecer numa sala de concertos onde a música nunca para.

Diferentes culturas têm abordagens variadas para o sono que podem informar nossa compreensão de padrões de sono saudáveis. Algumas sociedades praticam sono bifásico, com um período de sono noturno principal e uma sesta durante o dia. Outras têm rituais elaborados de preparação para o sono que podem facilitar a transição da vigília para o sono.

A pesquisa sobre sono está revelando estratégias baseadas em evidências para melhorar a qualidade do sono. A higiene do sono - práticas como manter horários regulares de sono, criar um ambiente de sono confortável, e evitar cafeína antes de dormir - pode ter efeitos significativos na qualidade do sono. É como criar as condições ideais para que os sistemas naturais de sono do cérebro funcionem otimamente.

A terapia cognitivo-comportamental para insônia (TCC-I) tem mostrado eficácia comparável ou superior a medicamentos para sono, mas com benefícios mais duradouros. Essa abordagem trabalha para identificar e modificar pensamentos e comportamentos que interferem com o sono, essencialmente retreinando o cérebro para associar a cama com sono em vez de vigília ansiosa.

Medicamentos para sono podem ser úteis a curto prazo, mas muitos têm efeitos colaterais e podem interferir com a arquitetura natural do sono. Alguns suprimem o sono REM, outros podem causar dependência ou tolerância. É um lembrete de que, embora possamos farmacologicamente induzir inconsciência, isso não é necessariamente equivalente ao sono natural restaurador.

A meditação e práticas de relaxamento podem facilitar a transição para o sono ao ativar o sistema nervoso parassimpático e reduzir a ativação de sistemas de alerta. Técnicas como respiração profunda, relaxamento muscular progressivo, e mindfulness podem ser particularmente eficazes para pessoas cuja insônia está relacionada a ansiedade ou hiperativação.

O exercício regular pode melhorar significativamente a qualidade do sono, mas o timing importa. Exercício intenso muito próximo à hora de dormir pode ser estimulante e interferir com o sono. Exercício mais cedo no dia pode promover sono mais profundo e restaurador, possivelmente através de seus efeitos na temperatura corporal e nos sistemas de estresse.

A alimentação também afeta o sono de formas complexas. Refeições pesadas antes de dormir podem interferir com o sono ao manter o sistema digestivo ativo. Alguns alimentos contêm compostos que podem promover o sono, como o triptofano encontrado no peru, ou magnésio encontrado em nozes e sementes.

Olhando para o futuro, a tecnologia do sono está evoluindo rapidamente. Dispositivos de monitoramento do sono podem fornecer feedback detalhado sobre padrões de sono, embora seja importante interpretar esses dados com cautela. Terapias de luz podem ajudar a regular ritmos circadianos. Estimulação cerebral não invasiva pode potencialmente melhorar a qualidade do sono profundo.

A pesquisa sobre sono também está explorando questões fundamentais sobre a consciência e a natureza da experiência subjetiva. Por que perdemos a consciência durante o sono? Como o cérebro gera a experiência rica e complexa dos sonhos? Essas questões tocam no coração de alguns dos maiores mistérios da neurociência.

O sono nos lembra de nossa vulnerabilidade fundamental como seres conscientes. Todas as noites, voluntariamente abandonamos o controle consciente e confiamos em sistemas neurais antigos para manter nossos corpos funcionando e nossas mentes se restaurando. É um ato de fé biológica que repetimos milhares de vezes ao longo de nossas vidas.

Compreender a neurociência do sono não diminui seu mistério, mas revela sua importância crucial para praticamente todos os aspectos da função cerebral. Cada noite de sono é uma oportunidade de restauração, consolidação, e preparação para os desafios do dia seguinte. É um lembrete de que cuidar do nosso sono é uma das coisas mais importantes que podemos fazer para cuidar de nossa mente.

Em última análise, o sono representa uma das características mais universais e essenciais da vida animal. Desde insetos até baleias, praticamente todas as espécies dormem de alguma forma. É um testemunho da importância fundamental desse estado aparentemente passivo para a função neural e a sobrevivência. Cada mergulho na inconsciência é uma jornada para um reino onde a mente se renova, se reorganiza, e se prepara para mais um dia de experiência consciente.

CAPÍTULO 12: CORPOS PENSANTES - EXERCÍCIO E A OTIMIZAÇÃO NEURAL

Existe um momento que todo atleta conhece intimamente, mas que desafia explicação simples: aquele instante de perfeita coordenação onde mente e corpo se fundem numa única unidade de propósito. Um jogador de basquete que arremessa uma bola de três pontos sem nem mesmo olhar para a cesta, um ginasta que executa uma sequência complexa como se desafiasse a gravidade, um maratonista que encontra seu "segundo fôlego" quando parecia que não havia mais energia. Nesses momentos, não estamos apenas observando performance física excepcional - estamos testemunhando a neurobiologia humana funcionando em sua capacidade máxima.

A relação entre exercício e função cerebral é uma das descobertas mais revolucionárias da neurociência moderna. Durante décadas, pensamos no cérebro e no corpo como sistemas separados - o cérebro como o comandante que dava ordens, o corpo como o soldado que as executava. Mas a realidade é muito mais integrada e fascinante. O exercício não apenas fortalece músculos e melhora a saúde cardiovascular; ele literalmente remodela o cérebro, promove o crescimento de novos neurônios, e otimiza a função cognitiva de formas que estamos apenas começando a compreender.

Quando nos exercitamos, desencadeamos uma cascata de eventos neurobiológicos que começa com a liberação de fatores de crescimento neural. O mais importante desses é o BDNF (Brain-Derived Neurotrophic Factor), uma proteína que funciona como fertilizante para o cérebro. O BDNF promove a sobrevivência de neurônios existentes, estimula o crescimento de novos neurônios e sinapses, e facilita a neuroplasticidade. É como se o exercício fosse um jardineiro molecular, cuidando e nutrindo o jardim neural da nossa mente.

A neurogênese - a formação de novos neurônios - que por muito tempo se pensou ser impossível no cérebro adulto, é significativamente estimulada pelo exercício aeróbico. No hipocampo, uma região crucial para aprendizado e memória, o exercício pode aumentar a produção de novos neurônios em até 200%. É uma descoberta que redefine nossa compreensão da capacidade do cérebro adulto de se renovar e adaptar.

Mas os benefícios neurológicos do exercício vão muito além da neurogênese. O exercício regular aumenta o volume de matéria cinzenta em múltiplas regiões cerebrais, melhora a conectividade entre diferentes áreas, e pode até mesmo retardar o encolhimento cerebral relacionado à idade. É como se o exercício fosse um elixir da juventude para o cérebro, mantendo-o jovem e vibrante independentemente da idade cronológica.

A vascularização cerebral - a rede de vasos sanguíneos que fornece oxigênio e nutrientes ao cérebro - também é dramaticamente melhorada pelo exercício. O exercício aeróbico promove a formação de novos capilares cerebrais, melhora o fluxo sanguíneo, e aumenta a eficiência com que o cérebro utiliza oxigênio e glicose. É como atualizar o sistema de distribuição de energia de uma cidade, permitindo que todos os bairros neurais recebam os recursos de que precisam para funcionar otimamente.

A coordenação motora, essa capacidade extraordinária de controlar movimentos complexos com precisão, revela a sofisticação do sistema nervoso humano. Quando um pianista executa uma peça complexa ou um cirurgião realiza uma operação delicada, estamos observando o resultado de anos de treinamento que literalmente esculpiram circuitos neurais especializados. O cerebelo, frequentemente chamado de "pequeno cérebro", desempenha um papel crucial nessa coordenação, integrando informações sensoriais com comandos motores para produzir movimentos suaves e precisos.

O aprendizado motor segue princípios neurobiológicos específicos que podem informar estratégias de treinamento mais eficazes. Inicialmente, quando aprendemos uma nova habilidade motora, múltiplas regiões cerebrais são ativadas enquanto o cérebro trabalha conscientemente para coordenar movimentos. Com a prática, esses movimentos se tornam mais automáticos, e a ativação cerebral se torna mais eficiente e localizada. É como se o cérebro fosse um editor que, com o tempo, aprende a contar a mesma história com menos palavras, mas com maior impacto.

A memória muscular, embora seja um termo popular, é na verdade um fenômeno neural. Quando praticamos um movimento repetidamente, não estamos apenas treinando músculos - estamos fortalecendo conexões sinápticas específicas que tornam esses movimentos mais automáticos e eficientes. Uma vez estabelecidas, essas "memórias" motoras podem persistir por décadas, explicando por que podemos voltar a andar de bicicleta mesmo após anos sem praticar.

O estado de "fluxo" que atletas frequentemente descrevem - aquela sensação de absorção total onde o tempo parece parar e a performance se torna sem esforço - tem características neurobiológicas distintivas. Durante o fluxo, a rede de modo padrão do cérebro, que normalmente está ativa quando nossa mente vaga, mostra atividade reduzida. É como se o cérebro temporariamente "desligasse" sua tendência à autocrítica e distração, permitindo foco total na tarefa em questão.

A visualização mental, uma técnica amplamente usada por atletas de elite, ativa muitos dos mesmos circuitos neurais que são ativados durante a performance real. Quando um atleta visualiza mentalmente um movimento, regiões motoras do cérebro se ativam como se o movimento estivesse sendo realmente executado. É uma forma de "prática neural" que pode complementar o treinamento físico e melhorar a performance.

O exercício também tem efeitos profundos na regulação emocional e na saúde mental. A atividade física regular pode ser tão eficaz quanto medicamentos antidepressivos para algumas pessoas, e os benefícios podem ser duradouros. Isso acontece através de múltiplos mecanismos: o exercício reduz hormônios do estresse como o cortisol, aumenta a produção de endorfinas (os "químicos da felicidade" naturais do corpo), e promove a neurogênese em regiões cerebrais associadas ao humor.

A endorfina, frequentemente chamada de "morfina natural" do corpo, é liberada durante exercício intenso e pode produzir sensações de euforia e bem-estar. O famoso "runner's high" experimentado por corredores de longa distância é parcialmente atribuído à liberação de endorfinas, embora outros neurotransmissores como a dopamina e a serotonina também desempenhem papéis importantes.

Diferentes tipos de exercício podem ter efeitos distintos no cérebro. O exercício aeróbico parece ser particularmente benéfico para a neurogênese e a função cognitiva geral. O treinamento de resistência pode melhorar funções executivas como planejamento e tomada de decisões. Atividades que requerem coordenação complexa, como dança ou artes marciais, podem ser especialmente benéficas para a conectividade neural e a neuroplasticidade.

O timing do exercício também importa para seus efeitos neurológicos. Exercício matinal pode ajudar a sincronizar ritmos circadianos e melhorar o humor ao longo do dia. Exercício antes do aprendizado pode preparar o cérebro para absorver novas informações mais efetivamente. Exercício após o aprendizado pode facilitar a consolidação da memória.

A intensidade do exercício influencia seus efeitos neurobiológicos. Exercício moderado parece otimizar a produção de BDNF e outros fatores de crescimento neural. Exercício muito intenso pode temporariamente suprimir a função imunológica e aumentar hormônios do estresse, embora esses efeitos sejam geralmente transitórios em indivíduos saudáveis.

A idade modifica a relação entre exercício e função cerebral. Em crianças, o exercício pode melhorar a atenção, o desempenho acadêmico, e o desenvolvimento cognitivo. Em adultos mais velhos, o exercício pode retardar o declínio cognitivo, reduzir o risco de demência, e manter a independência funcional. É como se o exercício fosse um investimento neurológico que paga dividendos ao longo de toda a vida.

A pesquisa sobre exercício e cognição está revelando protocolos específicos que podem otimizar benefícios neurológicos. Exercício aeróbico de intensidade moderada por 30-45 minutos, 3-5 vezes por semana, parece ser um ponto ideal para muitas pessoas. Mas a individualização é importante - o que funciona melhor pode variar baseado na idade, condição física, e objetivos específicos.

O exercício em grupo pode ter benefícios adicionais devido aos aspectos sociais da atividade. Esportes de equipe, aulas de fitness em grupo, e atividades recreativas podem combinar os benefícios neurológicos do exercício com os benefícios da conexão social. É como obter um bônus duplo para a saúde cerebral.

A tecnologia moderna está criando novas oportunidades para otimizar o exercício para a saúde cerebral. Dispositivos de monitoramento podem rastrear intensidade, duração, e frequência cardíaca para garantir que o exercício esteja na zona ideal para benefícios neurológicos. Aplicativos podem fornecer feedback em tempo real e motivação para manter consistência.

A reabilitação neurológica está cada vez mais incorporando exercício como uma intervenção terapêutica. Para pessoas que sofreram derrames, lesões cerebrais traumáticas, ou outras condições neurológicas, o exercício pode facilitar a recuperação ao promover neuroplasticidade e neurogênese. É como usar o próprio poder de cura do cérebro para acelerar a recuperação.

O exercício também pode ser uma ferramenta poderosa para a prevenção de doenças neurodegenerativas. Estudos sugerem que pessoas fisicamente ativas têm menor risco de desenvolver

Alzheimer, Parkinson, e outras condições neurodegenerativas. O exercício pode não ser uma garantia contra essas doenças, mas pode ser uma das melhores estratégias preventivas disponíveis.

A nutrição esportiva está evoluindo para incluir considerações sobre saúde cerebral. Alimentos que apoiam a função neural - como peixes ricos em ômega-3, frutas ricas em antioxidantes, e carboidratos complexos que fornecem energia estável - podem complementar os benefícios neurológicos do exercício.

A psicologia do esporte reconhece cada vez mais a importância da saúde mental para a performance física. Técnicas como mindfulness, visualização, e treinamento de resiliência podem melhorar tanto o bem-estar psicológico quanto a performance atlética. É uma abordagem holística que reconhece a unidade fundamental de mente e corpo.

Olhando para o futuro, a neurociência do exercício promete revelar protocolos ainda mais precisos para otimizar a saúde cerebral através da atividade física. Imagine programas de exercício personalizados baseados no perfil neurológico individual, ou tecnologias que podem monitorar a resposta cerebral ao exercício em tempo real.

Mas talvez a descoberta mais importante da neurociência do exercício seja que não precisamos ser atletas de elite para obter benefícios neurológicos significativos. Mesmo atividades simples como caminhada regular podem ter efeitos mensuráveis na função cerebral. É um lembrete democrático de que os benefícios neurológicos do exercício estão disponíveis para todos, independentemente da idade ou nível de condicionamento físico.

O exercício nos ensina uma lição fundamental sobre a natureza integrada da experiência humana. Não somos mentes presas em corpos, mas sistemas unificados onde atividade física e função mental estão inextricavelmente entrelaçadas. Cada passo que damos, cada movimento que fazemos, cada gota de suor que produzimos está contribuindo para a saúde e vitalidade do nosso cérebro.

Em última análise, a neurociência do exercício revela que cuidar do nosso corpo é uma das formas mais eficazes de cuidar da nossa mente. É uma descoberta que redefine o exercício não apenas como uma atividade para melhorar a aparência física ou a saúde cardiovascular, mas como uma prática essencial para otimizar a função cerebral e promover o bem-estar mental ao longo de toda a vida.

CAPÍTULO 13: ESPELHOS BIOLÓGICOS - GÊNERO, IDENTIDADE E DIFERENÇAS CEREBRAIS

Há uma pergunta que tem intrigado cientistas, filósofos, e pessoas comuns por gerações: até que ponto as diferenças entre homens e mulheres são produto da biologia versus cultura? É uma questão que toca no coração de debates sobre igualdade, identidade, e natureza humana. A neurociência moderna oferece insights fascinantes sobre essa questão, revelando um panorama complexo onde biologia e ambiente se entrelaçam de formas que desafiam explicações simples. O que descobrimos é que, embora existam diferenças mensuráveis entre cérebros masculinos e femininos, essas diferenças são muito mais sutis e variáveis do que estereótipos culturais sugerem.

Para compreender as diferenças cerebrais relacionadas ao gênero, precisamos primeiro reconhecer que o cérebro humano é fundamentalmente um órgão sexual. Isso não significa que seja obcecado por sexo, mas que é profundamente influenciado por hormônios sexuais desde os estágios mais precoces do desenvolvimento. Durante o desenvolvimento fetal, ondas de testosterona e outros hormônios moldam não apenas os órgãos reprodutivos, mas também circuitos neurais que podem influenciar comportamento, cognição, e até mesmo estrutura cerebral.

Mas aqui está onde a história se torna interessante: essas influências hormonais não criam dois tipos completamente diferentes de cérebros - um "masculino" e outro "feminino". Em vez disso, elas criam variações ao longo de múltiplos continua, onde a maioria dos cérebros mostra uma mistura de características que podem ser mais comuns em um sexo ou outro, mas que existem em ambos. É como se a natureza fosse um artista que usa a mesma paleta de cores para criar pinturas únicas, onde cada obra é individual, embora certas cores possam aparecer com mais frequência em certas composições.

Uma das diferenças mais consistentemente observadas é o tamanho total do cérebro. Em média, cérebros masculinos são aproximadamente 10-15% maiores que cérebros femininos, uma diferença que reflete principalmente diferenças no tamanho corporal geral. Mas tamanho não se traduz diretamente em capacidade cognitiva - se fosse assim, elefantes seriam mais inteligentes que humanos. O que importa mais é a organização e conectividade neural, e aqui as diferenças são muito mais sutis e complexas.

Estudos de neuroimagem revelam diferenças interessantes na conectividade cerebral entre homens e mulheres. Cérebros femininos tendem a mostrar maior conectividade entre os hemisférios esquerdo e direito, enquanto cérebros masculinos podem mostrar maior conectividade dentro de cada hemisfério. É como se cérebros femininos fossem mais propensos a integrar informações entre diferentes regiões, enquanto cérebros masculinos fossem mais especializados em processamento local.

Essas diferenças de conectividade podem contribuir para variações observadas em certas habilidades cognitivas. Mulheres, em média, tendem a se sair melhor em tarefas que envolvem fluência verbal, memória episódica, e processamento emocional. Homens, em média, podem ter vantagens em certas habilidades espaciais e matemáticas. Mas é crucial enfatizar que essas são tendências estatísticas com sobreposição substancial entre os grupos - muitas mulheres excedem muitos homens em habilidades espaciais, e muitos homens excedem muitas mulheres em habilidades verbais.

O processamento emocional mostra algumas das diferenças mais interessantes relacionadas ao gênero. Mulheres frequentemente mostram maior ativação na amígdala e outras regiões emocionais em resposta a estímulos emocionais, e podem ser mais hábeis em reconhecer expressões faciais sutis. Isso pode contribuir para diferenças observadas em empatia e inteligência emocional, embora novamente com considerável variação individual.

Mas aqui encontramos um dos aspectos mais fascinantes da neurociência do gênero: a plasticidade. O cérebro não é uma estrutura fixa determinada apenas por genes e hormônios precoces. Ele continua a se adaptar ao longo da vida em resposta a experiências, educação, e expectativas sociais. Isso significa que diferenças observadas entre cérebros masculinos e femininos podem ser tanto causa quanto consequência de diferenças comportamentais.

Considere, por exemplo, as diferenças em habilidades espaciais. Embora homens, em média, se saiam melhor em certas tarefas espaciais, essas diferenças podem ser reduzidas ou eliminadas através de treinamento. Quando mulheres recebem experiência equivalente com atividades espaciais - como videogames de ação ou treinamento em engenharia - suas habilidades espaciais podem melhorar dramaticamente. É como descobrir que diferenças que pareciam biológicas eram na verdade, pelo menos em parte, produto de experiências diferentes.

A identidade de gênero - o senso interno de ser masculino, feminino, ou algo diferente - adiciona outra camada de complexidade a essa discussão. Pessoas transgênero oferecem insights únicos sobre a relação entre biologia cerebral e identidade de gênero. Alguns estudos sugerem que pessoas transgênero podem mostrar padrões de ativação cerebral que são mais similares ao seu gênero identificado do que ao seu sexo atribuído no nascimento, embora essa pesquisa ainda esteja em estágios iniciais.

Os hormônios continuam a influenciar o cérebro ao longo da vida, não apenas durante o desenvolvimento. O ciclo menstrual pode afetar cognição e humor de formas sutis mas mensuráveis. A gravidez e a menopausa envolvem mudanças hormonais dramáticas que podem influenciar função cerebral. A terapia hormonal pode afetar cognição tanto em pessoas transgênero quanto em pessoas que recebem tratamento por outras razões médicas.

A testosterona, frequentemente associada à agressão e competitividade, tem efeitos complexos no cérebro que vão muito além de estereótipos simples. Embora níveis mais altos de testosterona possam estar associados a maior assertividade, eles também podem melhorar certas habilidades cognitivas e reduzir ansiedade em alguns contextos. É um lembrete de que hormônios não são "bons" ou "maus", mas ferramentas biológicas com múltiplos efeitos dependendo do contexto.

O estrogênio também tem efeitos neuroprotetivos importantes, influenciando neuroplasticidade, função de memória, e saúde vascular cerebral. A redução de estrogênio durante a menopausa pode contribuir para mudanças cognitivas, embora essas mudanças sejam frequentemente sutis e possam ser mitigadas através de estilo de vida saudável e, em alguns casos, terapia hormonal.

A cultura desempenha um papel profundo na moldagem de diferenças de gênero observadas. Desde o nascimento, meninos e meninas são frequentemente tratados de formas diferentes, expostos a diferentes tipos de brinquedos e atividades, e encorajados a desenvolver diferentes habilidades. Essas experiências diferentes podem literalmente moldar o desenvolvimento cerebral através da neuroplasticidade.

Estereótipos de gênero podem se tornar profecias autorrealizáveis. Quando meninas são ensinadas que não são "naturalmente" boas em matemática, elas podem desenvolver ansiedade matemática que prejudica sua performance. Quando meninos são desencorajados de expressar emoções, eles podem não desenvolver habilidades de regulação emocional tão robustas.

É como se expectativas sociais pudessem esculpir capacidades neurais.

A pesquisa sobre "ameaça de estereótipo" revela como expectativas podem afetar performance cognitiva em tempo real. Quando pessoas são lembradas de estereótipos negativos sobre seu grupo antes de realizar uma tarefa, sua performance pode ser prejudicada. Isso sugere que pelo menos algumas diferenças observadas entre grupos podem refletir fatores situacionais em vez de capacidades inerentes.

A educação pode desempenhar um papel crucial em minimizar diferenças de gênero desnecessárias enquanto respeitando diferenças genuínas. Abordagens educacionais que encorajam todos os estudantes a explorar uma ampla gama de habilidades e interesses podem ajudar a maximizar o potencial individual independentemente do gênero.

A neurociência do gênero também tem implicações importantes para a medicina. Muitas condições neurológicas e psiquiátricas mostram diferenças de prevalência entre homens e mulheres. Autismo é mais comumente diagnosticado em meninos, enquanto depressão e ansiedade são mais comuns em meninas. Compreender as bases neurobiológicas dessas diferenças pode informar abordagens de tratamento mais eficazes.

Mas é importante evitar o determinismo biológico - a ideia de que diferenças cerebrais determinam inevitavelmente diferenças comportamentais. O cérebro é extraordinariamente plástico, e diferenças observadas podem ser modificadas através de experiência, educação, e prática. É mais útil pensar em diferenças cerebrais como tendências que podem ser influenciadas por múltiplos fatores.

A diversidade dentro de cada gênero é frequentemente maior do que as diferenças médias entre gêneros. Isso significa que conhecer o gênero de alguém nos diz muito pouco sobre suas capacidades cognitivas específicas. É como tentar prever a altura de uma pessoa baseado apenas em saber se ela é do norte ou sul do país - pode haver tendências estatísticas, mas a variação individual é muito maior.

A interseccionalidade - como gênero interage com outros aspectos da identidade como raça, classe socioeconômica, e orientação sexual - adiciona ainda mais complexidade a essa discussão. Experiências de mulheres negras podem ser muito diferentes das experiências de mulheres brancas, e essas diferenças podem ter implicações neurobiológicas.

Olhando para o futuro, a neurociência do gênero está evoluindo para abordagens mais nuançadas que reconhecem a complexidade da identidade humana. Em vez de procurar diferenças simples entre "cérebros masculinos" e "cérebros femininos", pesquisadores estão explorando como múltiplos fatores - genéticos, hormonais, experienciais, e culturais - se combinam para criar a diversidade extraordinária da cognição humana.

A tecnologia está permitindo estudos mais sofisticados que podem rastrear mudanças cerebrais ao longo do tempo e em resposta a diferentes experiências. Isso pode nos ajudar a compreender melhor como natureza e criação interagem para moldar diferenças individuais.

É importante abordar a neurociência do gênero com humildade científica e consciência social. Pesquisa nessa área tem sido historicamente usada tanto para justificar discriminação quanto para promover igualdade. Nossa responsabilidade é conduzir e interpretar essa pesquisa de formas que promovam compreensão e justiça.

A neurociência do gênero nos ensina que a diversidade humana é uma característica, não um bug, do design neural. Diferenças entre indivíduos - sejam relacionadas ao gênero ou não - representam variações valiosas que contribuem para a riqueza da experiência humana. Em vez de usar diferenças para justificar limitações, podemos usá-las para celebrar a diversidade extraordinária da mente humana.

Em última análise, a questão não deveria ser se existem

diferenças cerebrais relacionadas ao gênero - claramente existem algumas. A questão mais importante é como podemos usar esse conhecimento para criar sociedades que permitam que todos os indivíduos floresçam independentemente do gênero, aproveitando suas forças únicas enquanto apoiam áreas onde podem precisar de desenvolvimento adicional.

O cérebro humano, em toda sua diversidade, é uma obra-prima de complexidade que transcende categorias simples. Cada mente é única, moldada por uma combinação extraordinária de fatores biológicos, experienciais, e culturais. Compreender essa complexidade não diminui nossa humanidade compartilhada, mas a enriquece, revelando a beleza da diversidade neural que torna cada um de nós simultaneamente similar e único.

CAPÍTULO 14: VOOS TRANSCENDENTES - ESPIRITUALIDADE E ESTADOS ALTERADOS

Existe um momento que transcende a linguagem comum, uma experiência que místicos de todas as tradições tentaram descrever ao longo dos milênios: aquele instante de conexão profunda com algo maior que nós mesmos, quando as fronteiras do eu parecem se dissolver e somos tomados por uma sensação de unidade com o universo. Pode acontecer durante a oração profunda, na meditação silenciosa, na contemplação da natureza, ou até mesmo em momentos inesperados de graça cotidiana. Para aqueles que experimentam esses estados, eles são tão reais e significativos quanto qualquer outra experiência humana. A neurociência moderna está começando a mapear esses territórios sagrados da consciência, revelando que a espiritualidade não é apenas uma construção cultural, mas uma capacidade fundamental do cérebro humano.

A neurociência da espiritualidade representa uma das fronteiras mais fascinantes e controversas da pesquisa cerebral. Por um lado, temos a experiência subjetiva profundamente pessoal do sagrado - sentimentos de transcendência, conexão, e significado que resistem à quantificação fácil. Por outro lado, temos as ferramentas objetivas da neurociência - scanners cerebrais, medições de neurotransmissores, e análises estatísticas que podem mapear a atividade neural durante estados espirituais. A convergência dessas duas perspectivas está criando uma compreensão nova e nuançada de como o cérebro gera experiências que muitas pessoas consideram as mais significativas de suas vidas.

Quando neurocientistas estudam pessoas em estados meditativos profundos, oração contemplativa, ou outras práticas espirituais, eles observam padrões consistentes de atividade cerebral que são distintos dos estados normais de vigília. Uma das descobertas mais intrigantes é a redução de atividade no córtex parietal superior, uma região que normalmente está envolvida na manutenção do senso de self e na distinção entre self e mundo externo. É como se o cérebro temporariamente "desligasse" os circuitos que normalmente mantêm as fronteiras do ego, permitindo experiências de dissolução do self e unidade cósmica.

Simultaneamente, regiões associadas à atenção focada, como o córtex cingulado anterior, podem mostrar atividade aumentada durante práticas espirituais. Isso sugere que estados espirituais não são simplesmente passivos ou "vazios", mas envolvem formas específicas de atenção direcionada. É como se a mente espiritual fosse simultaneamente mais focada e mais expansiva, capaz de concentração intensa e abertura transcendente.

O sistema límbico, que inclui estruturas como a amígdala e o hipocampo, também mostra mudanças interessantes durante experiências espirituais. A amígdala, normalmente associada ao medo e ansiedade, pode mostrar atividade reduzida, contribuindo para sentimentos de paz e serenidade. O hipocampo, crucial para memória, pode estar envolvido na formação de memórias espirituais particularmente vívidas e duradouras.

Neurotransmissores específicos parecem desempenhar papéis importantes em experiências espirituais. A serotonina, frequentemente associada ao bem-estar e felicidade, pode ser elevada durante práticas contemplativas. A dopamina, o neurotransmissor da recompensa e motivação, pode contribuir para sentimentos de êxtase e beatitude. Endorfinas naturais podem ser liberadas, criando sensações de euforia e transcendência da dor física e emocional.

Particularmente intrigante é o papel da DMT (dimetiltriptamina), um composto psicodélico que é produzido naturalmente em pequenas quantidades pelo cérebro humano. Alguns pesquisadores especulam que liberações endógenas de DMT podem contribuir para experiências espirituais espontâneas, sonhos vívidos, e experiências de quase-morte. É como se o cérebro tivesse sua própria farmácia interna capaz de produzir estados alterados de consciência.

As experiências de quase-morte (EQMs) oferecem um caso de estudo particularmente fascinante para a neurociência da espiritualidade. Pessoas que passaram por EQMs frequentemente relatam experiências profundamente transformadoras: sensações de deixar o corpo, encontros com seres de luz, revisões panorâmicas da vida, e sentimentos de amor incondicional. Embora a interpretação dessas experiências varie amplamente, estudos neurológicos sugerem que elas podem resultar de padrões específicos de atividade cerebral durante estados de estresse extremo.

Durante situações de quase-morte, o cérebro pode liberar uma cascata de neurotransmissores e hormônios que podem produzir experiências extraordinárias. A liberação de endorfinas pode criar sensações de euforia. Mudanças nos níveis de oxigênio podem afetar regiões cerebrais responsáveis pela percepção temporal e espacial. A ativação de circuitos de memória pode produzir as "revisões de vida" relatadas por muitos sobreviventes de EQM.

Mas é importante notar que compreender os correlatos neurais de experiências espirituais não necessariamente diminui seu significado ou validade. Assim como compreender a neurobiologia do amor não torna o amor menos real ou importante, mapear a atividade cerebral durante experiências espirituais não reduz essas experiências a "apenas" atividade neural. O cérebro é o instrumento através do qual experimentamos toda a realidade - física, emocional, e espiritual.

Diferentes tradições espirituais podem ativar circuitos neurais ligeiramente diferentes, refletindo suas práticas e ênfases únicas. A meditação budista mindfulness, que enfatiza consciência presente, pode mostrar padrões diferentes da oração cristã contemplativa, que pode envolver mais ativação de regiões associadas à linguagem e relacionamento. Práticas xamânicas que envolvem tambores rítmicos podem ativar circuitos auditivos e motores de formas distintas.

A neuroplasticidade que exploramos em capítulos anteriores é particularmente evidente no contexto de práticas espirituais de longo prazo. Monges budistas que passaram décadas meditando mostram mudanças estruturais mensuráveis no cérebro, incluindo espessamento do córtex em regiões associadas à atenção e compaixão. É como se a prática espiritual literalmente esculpisse o cérebro para ser mais capaz de estados transcendentes.

A compaixão, uma qualidade central em muitas tradições espirituais, tem suas próprias bases neurobiológicas. Práticas de meditação da compaixão ativam circuitos neurais associados ao cuidado e conexão social, incluindo o córtex cingulado anterior e a ínsula. Pessoas que praticam meditação da compaixão regularmente mostram maior ativação nessas regiões quando expostas ao sofrimento dos outros, sugerindo que a compaixão pode ser literalmente treinada no nível neural.

O perdão, outro tema espiritual central, também tem correlatos neurobiológicos interessantes. Estudos mostram que o ato de perdoar está associado à redução de atividade em regiões cerebrais associadas à raiva e ressentimento, e aumento de atividade em áreas ligadas à empatia e regulação emocional. É como se o perdão fosse um processo neurológico de liberação que beneficia tanto o perdoador quanto o perdoado.

A gratidão, uma prática espiritual comum em muitas tradições, ativa circuitos de recompensa no cérebro e pode aumentar a produção de neurotransmissores associados ao bem-estar. Pessoas que praticam gratidão regularmente mostram maior ativação no córtex pré-frontal medial e outras regiões associadas ao processamento de recompensas sociais e emocionais positivas.

Substâncias psicodélicas, usadas em contextos espirituais por milhares de anos, oferecem insights únicos sobre os mecanismos neurais da transcendência. Compostos como psilocibina, LSD, e ayahuasca podem produzir experiências profundamente espirituais ao alterar a atividade em redes neurais específicas. Eles frequentemente reduzem a atividade na rede de modo padrão, a mesma rede que é afetada durante meditação profunda, sugerindo caminhos neurais comuns para experiências transcendentes.

A pesquisa moderna com psicodélicos, conduzida em ambientes clínicos controlados, está revelando potencial terapêutico significativo para condições como depressão, ansiedade, e transtorno de estresse pós-traumático. Muitos participantes relatam que essas experiências são profundamente espirituais e transformadoras, sugerindo que a espiritualidade pode ter valor terapêutico intrínseco.

A música desempenha um papel importante em muitas tradições espirituais, e a neurociência está revelando por quê. Música pode sincronizar atividade neural, induzir estados alterados de consciência, e facilitar experiências transcendentes. Cantos gregorianos, mantras budistas, e música gospel podem todos ativar circuitos neurais associados à espiritualidade através de mecanismos ligeiramente diferentes.

A dança e movimento também são componentes importantes de muitas práticas espirituais. Danças sufis, rituais xamânicos, e outras formas de movimento espiritual podem alterar a consciência através de seus efeitos no sistema nervoso. Movimento rítmico pode induzir estados de transe, liberar endorfinas, e facilitar experiências de transcendência corporal.

A natureza tem um efeito profundo na espiritualidade humana, e isso também tem bases neurobiológicas. Exposição a ambientes naturais pode reduzir atividade no córtex pré-frontal medial, uma região associada à ruminação e autocrítica. Isso pode contribuir para sentimentos de paz, conexão, e transcendência que muitas pessoas experimentam na natureza.

A neurociência da espiritualidade também está explorando fenômenos como sincronicidade - a experiência de coincidências significativas que parecem transcender explicação causal. Embora esses fenômenos sejam difíceis de estudar cientificamente, alguns pesquisadores sugerem que eles podem refletir a capacidade do cérebro de detectar padrões sutis e fazer conexões que não são imediatamente óbvias à consciência racional.

A oração, uma prática central em muitas tradições, ativa múltiplas regiões cerebrais dependendo de seu tipo e conteúdo. Oração petitória pode ativar regiões associadas à linguagem e planejamento. Oração contemplativa pode mostrar padrões similares à meditação. Oração de gratidão pode ativar circuitos de recompensa. É como se diferentes tipos de oração fossem diferentes instrumentos numa orquestra espiritual neural.

A fé, embora difícil de definir cientificamente, parece estar associada à ativação de regiões cerebrais envolvidas na confiança, esperança, e regulação emocional. Pessoas com fé religiosa forte frequentemente mostram maior resiliência ao estresse e melhor saúde mental, possivelmente devido aos efeitos neuroprotetivos da crença e prática espiritual.

A comunidade espiritual adiciona uma dimensão social importante à neurociência da espiritualidade. Práticas espirituais em grupo podem sincronizar atividade neural entre participantes, criando uma forma de "ressonância neural" que pode intensificar experiências espirituais. É como se cérebros em sintonia espiritual pudessem literalmente se harmonizar.

Olhando para o futuro, a neurociência da espiritualidade promete revelar mais sobre os mecanismos neurais da transcendência e seu potencial terapêutico. Imagine terapias que combinam práticas espirituais tradicionais com tecnologias modernas para otimizar bem-estar mental e espiritual.

Mas é crucial abordar essa pesquisa com respeito pelas tradições espirituais e reconhecimento de que a experiência espiritual transcende sua base neurobiológica. A neurociência pode nos ajudar a compreender como o cérebro gera experiências espirituais, mas não pode determinar o significado ou valor dessas experiências para os indivíduos que as vivenciam.

A espiritualidade representa uma das capacidades mais distintamente humanas - a habilidade de experimentar significado, transcendência, e conexão com algo maior que nós mesmos. Que essa capacidade tenha bases neurobiológicas não a torna menos real ou importante, mas revela que a busca pelo sagrado é tão fundamental à natureza humana quanto a capacidade de pensar, sentir, ou amar.

Em última análise, a neurociência da espiritualidade nos lembra que somos seres capazes de experiências que transcendem as necessidades básicas de sobrevivência. Somos criaturas que podem contemplar o infinito, experimentar o sagrado, e encontrar significado profundo na existência. Essas capacidades, enraizadas em nossa neurobiologia mas expressas através de nossa cultura e experiência individual, representam alguns dos aspectos mais nobres e misteriosos da condição humana.

CAPÍTULO 15: O PESO DAS DECISÕES - ECONOMIA COMPORTAMENTAL E ESCOLHAS

Imagine que você está numa loja e vê dois produtos idênticos: um custando R$ 100 e outro custando R$ 120, mas com um desconto de R$ 20, fazendo o preço final também R$ 100. Logicamente, ambos custam o mesmo, mas muitas pessoas se sentem mais atraídas pelo segundo produto "com desconto". Ou considere esta situação: você compraria um ingresso de R$ 50 para um show se descobrisse que perdeu uma nota de R$ 50 no caminho? E se em vez de perder dinheiro, você tivesse perdido um ingresso que já havia comprado por R$ 50? Surpreendentemente, a maioria das pessoas responde diferentemente a essas duas situações, embora sejam economicamente idênticas. Esses exemplos revelam uma verdade fundamental sobre a natureza humana: não somos os tomadores de decisão racionais que a economia tradicional assumia que éramos.

A neuroeconomia, um campo que combina neurociência, psicologia, e economia, está revolucionando nossa compreensão de como realmente tomamos decisões financeiras e econômicas. Durante décadas, modelos econômicos assumiram que os humanos são agentes racionais que sempre fazem escolhas que maximizam sua utilidade. Mas a realidade neurobiológica é muito mais complexa e fascinante. Nosso cérebro não é um computador frio calculando probabilidades e retornos; é um órgão evolutivo que desenvolveu sistemas de tomada de decisão para ambientes muito diferentes dos mercados financeiros modernos.

Quando enfrentamos uma decisão econômica, múltiplas regiões cerebrais entram em ação numa dança neural complexa. O córtex pré-frontal, nossa região mais evoluída, tenta avaliar opções racionalmente, considerando custos e benefícios a longo prazo. Simultaneamente, o sistema límbico, incluindo estruturas como a amígdala e o núcleo accumbens, responde emocionalmente às opções, gerando sentimentos de desejo, medo, ou excitação. A decisão final emerge da interação entre esses sistemas, nem sempre de forma que maximiza benefício objetivo.

O sistema de recompensa cerebral, centrado no neurotransmissor dopamina, desempenha um papel crucial nas decisões econômicas. Mas aqui está o aspecto fascinante: a dopamina não responde tanto à recompensa em si, mas à diferença entre a recompensa esperada e a recompensa recebida. Se esperamos ganhar R$ 100 e ganhamos exatamente isso, a resposta de dopamina é menor do que se esperássemos ganhar R$ 50 e ganhássemos R$ 100. É por isso que surpresas positivas são tão prazerosas e por que nossas expectativas influenciam tanto nossa satisfação com resultados.

Essa característica do sistema de dopamina ajuda a explicar muitos fenômenos econômicos aparentemente irracionais. A "aversão à perda" - nossa tendência a sentir perdas mais intensamente do que ganhos equivalentes - pode refletir como nosso cérebro evoluiu para ser especialmente sensível a ameaças. Perder R$ 100 dói mais do que ganhar R$ 100 nos alegra, não porque somos irracionais, mas porque nosso sistema nervoso está calibrado para priorizar a evitação de perdas sobre a busca de ganhos.

O "efeito dotação" - nossa tendência a valorizar mais algo que já possuímos - também tem raízes neurobiológicas. Quando possuímos algo, nosso cérebro o incorpora ao nosso senso de self, e perdê-lo ativa circuitos neurais similares àqueles ativados por dor física. É como se nossos pertences se tornassem extensões neurológicas de nós mesmos, tornando difícil nos separarmos deles mesmo quando seria economicamente vantajoso.

O desconto temporal - nossa tendência a valorizar recompensas imediatas mais do que recompensas futuras - reflete a tensão entre diferentes sistemas cerebrais. O sistema límbico, focado em necessidades imediatas, compete com o córtex pré-frontal, que pode considerar benefícios a longo prazo. Quando escolhemos um prazer imediato sobre um benefício futuro maior, frequentemente é porque o sistema límbico "venceu" essa competição neural.

Essa tensão entre sistemas cerebrais ajuda a explicar por que tantas pessoas lutam com decisões financeiras que envolvem trade-offs temporais. Poupar para a aposentadoria, por exemplo, requer que o córtex pré-frontal domine impulsos límbicos por gratificação imediata. Pessoas com maior autocontrole frequentemente mostram maior ativação pré-frontal e melhor comunicação entre regiões pré-frontais e límbicas.

A neurociência também está revelando por que somos tão suscetíveis a vieses cognitivos em contextos econômicos. O "viés de confirmação" - nossa tendência a buscar informações que confirmam nossas crenças existentes - pode refletir como nosso cérebro tenta minimizar dissonância cognitiva. Quando temos uma crença sobre um investimento, por exemplo, nosso cérebro pode literalmente filtrar informações contraditórias para manter consistência interna.

O "efeito manada" - nossa tendência a seguir o comportamento dos outros - tem raízes profundas em circuitos neurais sociais. Quando vemos outros fazendo certas escolhas econômicas, regiões cerebrais associadas à conformidade social se ativam, às vezes sobrepujando nossa própria análise racional. É por isso que bolhas especulativas podem se formar mesmo quando indicadores objetivos sugerem que os preços estão inflacionados.

A confiança, esse ingrediente essencial de todas as transações econômicas, tem sua própria neurobiologia. Quando confiamos em alguém numa transação, nosso cérebro libera oxitocina, o "hormônio da confiança". Níveis mais altos de oxitocina estão associados a maior disposição para assumir riscos em contextos sociais e maior generosidade em jogos econômicos. É como se a química cerebral da confiança facilitasse a cooperação econômica.

Mas a confiança pode ser manipulada de formas que exploram nossa neurobiologia. Técnicas de vendas que criam rapport artificial, ambientes que induzem relaxamento, ou até mesmo o uso de certas fragrâncias podem influenciar nossos níveis de oxitocina e, consequentemente, nossa disposição para confiar e gastar. É um lembrete de como nossa biologia pode ser explorada em contextos comerciais.

O marketing moderno está cada vez mais informado por insights neurocientíficos. Técnicas de "neuromarketing" usam conhecimento sobre como o cérebro processa informações para criar campanhas mais eficazes. Cores específicas podem ativar diferentes respostas emocionais. Música pode influenciar o tempo que passamos numa loja. Até mesmo a disposição de produtos pode explorar vieses neurológicos para influenciar decisões de compra.

A escassez artificial - criar a impressão de que um produto está em falta - explora nosso sistema de alerta evolutivo. Quando percebemos escassez, regiões cerebrais associadas à urgência e competição se ativam, às vezes nos levando a tomar decisões impulsivas que não tomaríamos em circunstâncias normais. É por isso que promoções "por tempo limitado" podem ser tão eficazes.

O "efeito ancoragem" - nossa tendência a ser influenciados pelo primeiro número que vemos numa negociação - reflete como nosso cérebro processa informações sequenciais. O primeiro preço que vemos literalmente "ancora" nossas expectativas, influenciando como avaliamos ofertas subsequentes. Vendedores experientes exploram esse viés começando com preços altos para fazer ofertas subsequentes parecerem mais razoáveis.

A complexidade das decisões financeiras modernas frequentemente sobrecarrega nossa capacidade cognitiva limitada. Quando enfrentamos muitas opções ou informações complexas, nosso córtex pré-frontal pode ficar sobrecarregado, levando-nos a confiar mais em heurísticas simples ou impulsos emocionais. É por isso que simplificar escolhas financeiras pode levar a melhores decisões.

O "paradoxo da escolha" - a observação de que muitas opções podem na verdade reduzir satisfação - tem bases neurobiológicas. Quando confrontados com muitas alternativas, nosso cérebro pode experimentar sobrecarga cognitiva, levando à paralisia de decisão ou arrependimento pós-decisão. É como se nosso sistema de tomada de decisão tivesse uma capacidade limitada que pode ser excedida.

A educação financeira, embora importante, pode não ser suficiente para superar vieses neurobiológicos profundos. Mesmo quando sabemos racionalmente qual é a melhor decisão, nossos sistemas emocionais podem nos levar em direções diferentes. Abordagens mais eficazes podem envolver mudanças no ambiente de decisão - "nudges" - que tornam escolhas benéficas mais fáceis ou automáticas.

O conceito de "arquitetura de escolha" reconhece que o contexto em que decisões são apresentadas influencia profundamente os resultados. Fazer da poupança para aposentadoria a opção padrão (com possibilidade de opt-out) em vez de exigir opt-in pode dramaticamente aumentar as taxas de participação, explorando nossa tendência neurológica ao status quo.

A tecnologia financeira moderna está criando novas oportunidades e desafios para a tomada de decisão econômica. Aplicativos que facilitam investimentos podem democratizar o acesso aos mercados financeiros, mas também podem tornar mais fácil tomar decisões impulsivas. Algoritmos que automatizam decisões de investimento podem remover vieses emocionais, mas também podem criar novos tipos de riscos sistêmicos.

A gamificação de aplicativos financeiros - adicionar elementos de jogo para tornar a gestão financeira mais envolvente - explora sistemas de recompensa cerebrais para motivar comportamentos financeiros positivos. Mas também pode criar dependências problemáticas ou encorajar comportamentos de risco excessivo se não for cuidadosamente projetada.

As criptomoedas representam um caso de estudo fascinante em psicologia econômica. A volatilidade extrema desses ativos pode ativar sistemas de recompensa cerebrais de formas similares ao jogo, criando potencial para comportamentos viciantes. A natureza digital e abstrata das criptomoedas também pode tornar mais difícil para nosso cérebro processar perdas como "reais".

A desigualdade econômica tem efeitos neurobiológicos mensuráveis. Pessoas em situações de estresse financeiro crônico mostram alterações em regiões cerebrais responsáveis por tomada de decisões e controle de impulsos. A pobreza pode literalmente reduzir a capacidade cognitiva disponível para decisões financeiras, criando um ciclo vicioso onde aqueles que mais precisam tomar boas decisões financeiras têm menos recursos neurológicos para fazê-lo.

O estresse financeiro ativa os mesmos sistemas neurais que respondem a ameaças físicas, liberando cortisol e outros hormônios do estresse que podem prejudicar a função cognitiva. É por isso que pessoas sob pressão financeira frequentemente tomam decisões que parecem irracionais para observadores externos - seus cérebros estão literalmente em modo de sobrevivência.

A aposentadoria representa um desafio particular para nossos sistemas de tomada de decisão evolutivos. Nosso cérebro evoluiu para lidar com horizontes temporais muito mais curtos do que os 30-40 anos de planejamento que a aposentadoria moderna requer. É como pedir a um sistema projetado para caçar e coletar que planeje para um futuro que está além de sua capacidade de conceitualização natural.

Olhando para o futuro, a neuroeconomia promete informar políticas públicas e produtos financeiros que são mais alinhados com como nosso cérebro realmente funciona. Em vez de assumir racionalidade perfeita, podemos projetar sistemas que trabalham com nossos vieses e limitações neurobiológicas.

A inteligência artificial está começando a personalizar conselhos financeiros baseados em perfis neuropsicológicos individuais. Imagine sistemas que podem detectar quando você está em um estado mental propenso a decisões impulsivas e intervir com lembretes ou restrições temporárias.

Mas é importante lembrar que compreender a neurobiologia das decisões econômicas não elimina a responsabilidade pessoal. Em vez disso, nos dá ferramentas melhores para tomar decisões que estão alinhadas com nossos objetivos de longo prazo. É como compreender as limitações de qualquer ferramenta - quando sabemos como ela funciona, podemos usá-la mais efetivamente.

A neuroeconomia também levanta questões éticas importantes sobre manipulação e autonomia. Se compreendemos como influenciar decisões através de insights neurobiológicos, temos a responsabilidade de usar esse conhecimento de formas que promovem bem-estar genuíno, não apenas lucro a curto prazo.

Em última análise, a neurociência das decisões econômicas nos ensina humildade sobre nossas próprias capacidades de tomada de decisão. Não somos computadores racionais, mas seres evolutivos com sistemas neurais complexos que às vezes entram em conflito. Reconhecer essas limitações não é uma fraqueza, mas o primeiro passo para tomar decisões mais sábias e criar sistemas econômicos mais humanos.

A economia comportamental nos lembra que por trás de cada transação, cada investimento, cada decisão financeira, há um cérebro humano com sua própria história evolutiva, seus próprios vieses, e suas próprias limitações. Compreender essa realidade neurobiológica pode nos ajudar a criar um mundo econômico que funciona melhor para todos nós - não como os agentes racionais que nunca fomos, mas como os seres humanos complexos e fascinantes que realmente somos.

CAPÍTULO 16: SOMBRAS DA CONSCIÊNCIA - TRANSTORNOS E A FRAGILIDADE MENTAL

Há uma ironia profunda na condição humana: o mesmo órgão que nos permite criar arte sublime, resolver problemas complexos, e experimentar amor profundo é também extraordinariamente vulnerável a disfunções que podem alterar fundamentalmente quem somos. O cérebro humano, em toda sua magnificência, é também um sistema delicadamente equilibrado onde pequenas mudanças na química, estrutura, ou conectividade podem produzir efeitos dramáticos na experiência consciente. Compreender os transtornos neurológicos e psiquiátricos não é apenas uma questão médica - é uma janela para a natureza fundamental da mente humana e um lembrete da fragilidade preciosa da nossa sanidade.

Quando falamos de transtornos mentais, estamos realmente falando sobre variações na função cerebral que causam sofrimento significativo ou prejudicam a capacidade de uma pessoa de funcionar na vida cotidiana. Mas a linha entre "normal" e "patológico" é frequentemente mais tênue do que gostaríamos de admitir. Muitas características que consideramos transtornos podem representar extremos de variações neurológicas normais, ou podem até mesmo conferir certas vantagens em contextos específicos. É como se o cérebro humano fosse um instrumento musical extraordinariamente complexo que pode produzir sinfonias magníficas, mas que também pode desafinar de formas que criam dissonância em vez de harmonia.

A depressão, uma das condições de saúde mental mais comuns e debilitantes, oferece um exemplo poderoso de como alterações neurobiológicas sutis podem ter efeitos profundos na experiência humana. Quando examinamos cérebros de pessoas com depressão, frequentemente encontramos mudanças em múltiplas regiões e sistemas. O hipocampo, crucial para memória e regulação do humor, pode mostrar volume reduzido. O córtex pré-frontal, responsável por funções executivas e regulação emocional, pode mostrar atividade diminuída. Sistemas de neurotransmissores, particularmente aqueles envolvendo serotonina, dopamina, e noradrenalina, podem estar desregulados.

Mas a depressão não é simplesmente uma questão de "desequilíbrio químico", como frequentemente é simplificada. É uma condição complexa que emerge da interação entre vulnerabilidades genéticas, experiências de vida, fatores ambientais, e mudanças neurobiológicas. É como se múltiplos sistemas tivessem que falhar simultaneamente para que a depressão se manifeste plenamente, explicando por que algumas pessoas são resilientes a adversidades que devastam outras.

A ansiedade, outra condição extremamente comum, revela como sistemas neurais que evoluíram para nos proteger podem se tornar mal-adaptativos em ambientes modernos. A amígdala, nosso sistema de alarme emocional, pode se tornar hiperativa, interpretando estímulos neutros como ameaçadores. O córtex pré-frontal pode ter dificuldade em modular essas respostas de medo, levando a preocupação crônica e evitação. É como ter um sistema de segurança doméstico que está tão sensível que dispara alarmes falsos constantemente.

O transtorno bipolar ilustra como o cérebro pode oscilar entre estados extremos de ativação. Durante episódios maníacos, regiões cerebrais associadas à recompensa e energia podem estar hiperativas, levando a euforia, impulsividade, e grandiosidade. Durante episódios depressivos, esses mesmos sistemas podem estar hipoativos, resultando em desesperança e letargia. É como se o termostato emocional do cérebro estivesse quebrado, incapaz de manter um equilíbrio estável.

A esquizofrenia, talvez o transtorno mental mais estigmatizado e mal compreendido, envolve alterações profundas na conectividade cerebral e no processamento de informações. Pessoas com esquizofrenia podem experimentar alucinações - percepções sem estímulos externos - que são neurologicamente reais para elas. Podem ter delírios - crenças fixas que contradizem evidências - que refletem alterações nos circuitos responsáveis por avaliar realidade. É como se os filtros normais que distinguem entre percepção interna e externa, entre imaginação e realidade, estivessem comprometidos.

O autismo representa uma forma diferente de organização neural que pode conferir tanto desafios quanto habilidades únicas. Cérebros autistas frequentemente mostram padrões de conectividade diferentes, com algumas regiões hiperconectadas e outras hipoconectadas. Isso pode resultar em sensibilidades sensoriais intensas, dificuldades com comunicação social, mas também em habilidades excepcionais em áreas como reconhecimento de padrões ou atenção aos detalhes. É como se o cérebro autista fosse sintonizado para uma frequência diferente da experiência humana.

O TDAH (Transtorno do Déficit de Atenção e Hiperatividade) revela como sistemas de atenção e controle executivo podem variar significativamente entre indivíduos. Pessoas com TDAH podem ter dificuldade em manter atenção sustentada em tarefas que não são intrinsecamente interessantes, mas podem mostrar "hiperfoco" extraordinário em atividades que capturam seu interesse. É como ter um sistema de atenção que funciona de forma diferente, não necessariamente pior, mas que pode ser mal-adaptado para ambientes educacionais e profissionais tradicionais.

A doença de Alzheimer, a forma mais comum de demência, demonstra como a perda progressiva de neurônios pode gradualmente erodir a identidade pessoal. Começando frequentemente com problemas de memória, a doença pode eventualmente afetar linguagem, reconhecimento, e personalidade. É uma das condições mais devastadoras porque ataca a própria essência do que nos torna quem somos - nossas memórias, nossa capacidade de reconhecer entes queridos, nossa continuidade de self.

A doença de Parkinson ilustra como a perda de neurônios específicos pode ter efeitos cascata em múltiplos sistemas. A degeneração de neurônios produtores de dopamina na substância negra afeta não apenas movimento, mas também humor, cognição, e até mesmo sonhos. É um lembrete de como diferentes sistemas neurais estão interconectados de formas que frequentemente não apreciamos até que algo dá errado.

O transtorno de estresse pós-traumático (TEPT) mostra como experiências extremas podem literalmente remodelar o cérebro. Trauma pode alterar a estrutura e função da amígdala, hipocampo, e córtex pré-frontal, criando um estado de hipervigilância crônica onde o sistema nervoso permanece em alerta máximo mesmo quando não há perigo presente. É como se o cérebro ficasse preso numa resposta de emergência que não consegue ser desligada.

Os transtornos alimentares revelam como sistemas neurais que evoluíram para regular ingestão de alimentos podem ser perturbados por fatores psicológicos e sociais. Na anorexia, circuitos de recompensa podem responder de forma anormal à comida, enquanto sistemas de controle executivo podem se tornar rigidamente focados em restrição. É como se os sinais normais de fome e saciedade fossem distorcidos por outros processos neurais.

O transtorno obsessivo-compulsivo (TOC) demonstra como circuitos neurais podem ficar "presos" em loops repetitivos. Conexões entre o córtex orbitofrontal, núcleo caudado, e outras regiões podem se tornar hiperativas, criando pensamentos intrusivos persistentes e comportamentos compulsivos. É como ter um disco riscado na mente que continua repetindo a mesma seção indefinidamente.

A síndrome de Tourette ilustra como o controle motor voluntário pode ser interrompido por impulsos neurológicos involuntários. Tiques podem emergir de disfunções nos gânglios da base, regiões cruciais para controle motor. É um lembrete de que muito do que consideramos comportamento "voluntário" depende de sistemas neurais complexos que normalmente funcionam abaixo da consciência.

A neuroplasticidade, que exploramos como uma força positiva em capítulos anteriores, também pode contribuir para transtornos mentais. Assim como o cérebro pode se adaptar de formas benéficas, ele também pode desenvolver padrões mal-adaptativos que se tornam entrincheirados ao longo do tempo. Depressão crônica, por exemplo, pode criar circuitos neurais que perpetuam pensamentos negativos e humor deprimido.

Mas a neuroplasticidade também oferece esperança para tratamento. Se o cérebro pode mudar de formas que criam transtornos, ele também pode mudar de formas que promovem cura. Terapias psicológicas eficazes literalmente remodelam circuitos neurais, criando novos padrões de pensamento e comportamento. Medicamentos podem ajustar química cerebral para facilitar essas mudanças positivas.

A psicoterapia, longe de ser apenas "conversa", produz mudanças neurobiológicas mensuráveis. Terapia cognitivo-comportamental pode alterar atividade no córtex pré-frontal e amígdala. Terapia psicodinâmica pode afetar redes neurais associadas à autoconsciência e regulação emocional. É como se diferentes tipos de terapia fossem diferentes ferramentas para esculpir mudanças neurais positivas.

Medicamentos psiquiátricos trabalham alterando sistemas de neurotransmissores, mas seus efeitos são frequentemente mais complexos do que simplesmente "corrigir desequilíbrios químicos". Antidepressivos, por exemplo, podem inicialmente alterar níveis de serotonina, mas seus efeitos terapêuticos podem depender de mudanças neuroplásticas subsequentes que levam semanas para se desenvolver.

A estimulação cerebral, incluindo técnicas como estimulação magnética transcraniana e estimulação cerebral profunda, oferece formas mais diretas de modular atividade neural. Essas técnicas podem ser particularmente úteis para condições que não respondem bem a medicamentos ou terapia tradicional.

O estigma associado a transtornos mentais frequentemente causa mais sofrimento do que os próprios transtornos. Quando compreendemos que essas condições refletem variações neurobiológicas, não falhas de caráter, podemos abordar o tratamento com mais compaixão e menos julgamento. É como reconhecer que ter diabetes não é uma falha moral, mas uma condição médica que requer tratamento apropriado.

A prevenção de transtornos mentais está se tornando um foco crescente à medida que compreendemos melhor fatores de risco e proteção. Exercício regular, sono adequado, conexões sociais saudáveis, e estratégias de manejo de estresse podem todos promover resiliência mental. É como construir um sistema imunológico psicológico que pode resistir a desafios mentais.

A detecção precoce está se tornando cada vez mais importante, especialmente para condições como esquizofrenia e transtorno bipolar que frequentemente emergem na adolescência ou início da idade adulta. Intervenções precoces podem alterar significativamente o curso dessas condições, potencialmente prevenindo anos de sofrimento.

A medicina personalizada está começando a informar tratamentos de saúde mental. Testes genéticos podem predizer quais medicamentos são mais prováveis de funcionar para indivíduos específicos. Biomarcadores podem ajudar a diagnosticar condições mais precisamente e monitorar resposta ao tratamento.

A tecnologia está criando novas oportunidades para tratamento e suporte. Aplicativos de saúde mental podem fornecer terapia cognitivo-comportamental acessível. Realidade virtual pode ser usada para terapia de exposição para fobias e TEPT. Inteligência artificial pode detectar sinais precoces de deterioração mental através de padrões de fala ou comportamento.

Mas é importante lembrar que transtornos mentais são condições humanas que afetam pessoas reais com vidas complexas. Por trás de cada diagnóstico há uma pessoa com esperanças, medos, relacionamentos, e sonhos. Tratamento eficaz deve abordar não apenas sintomas neurobiológicos, mas também o contexto social e pessoal em que esses sintomas ocorrem.

A recuperação de transtornos mentais é frequentemente possível, embora possa ser um processo longo e não linear. Muitas pessoas com condições de saúde mental vivem vidas plenas e produtivas com tratamento apropriado e suporte. É importante manter esperança e reconhecer que ter um transtorno mental não define uma pessoa ou limita seu potencial.

Olhando para o futuro, nossa compreensão crescente da neurobiologia dos transtornos mentais promete tratamentos mais eficazes e personalizados. Imagine terapias que podem ser adaptadas ao perfil neurológico específico de cada pessoa, ou intervenções preventivas que podem identificar e abordar riscos antes que transtornos se desenvolvam plenamente.

Os transtornos mentais nos ensinam lições importantes sobre a natureza da mente humana. Eles revelam que nossa experiência consciente depende de sistemas neurais delicadamente equilibrados que podem ser perturbados de múltiplas formas. Mas também demonstram a extraordinária capacidade do cérebro humano de se adaptar, curar, e encontrar novos caminhos para o bem-estar.

Em última análise, estudar transtornos mentais não diminui nossa humanidade, mas a ilumina. Revela tanto nossa vulnerabilidade quanto nossa resiliência, tanto nossa fragilidade quanto nossa força. Cada pessoa que luta com um transtorno mental e encontra caminhos para a cura é um testemunho da capacidade extraordinária do espírito humano de transcender limitações neurobiológicas e criar significado mesmo em meio ao sofrimento.

Compreender as sombras da consciência nos ajuda a apreciar mais profundamente a luz da saúde mental e nos motiva a criar um mundo mais compassivo e informado para todos aqueles que navegam pelos desafios complexos da condição humana.

CAPÍTULO 17: TEIAS LINGUÍSTICAS - COMO O CÉREBRO CONSTRÓI A COMUNICAÇÃO

Existe um milagre que acontece milhares de vezes por dia, tão comum que raramente paramos para contemplar sua extraordinária complexidade: o momento em que pensamentos se transformam em palavras, quando ideias abstratas ganham forma sonora, quando a mente de uma pessoa se conecta diretamente com a mente de outra através de vibrações no ar que chamamos de fala. Neste exato momento, enquanto você lê estas palavras, seu cérebro está realizando uma das computações mais sofisticadas conhecidas na natureza - decodificando símbolos visuais, acessando significados armazenados, construindo compreensão, e integrando novas informações com conhecimento existente. A linguagem humana não é apenas uma ferramenta de comunicação; é a própria substância através da qual construímos nossa realidade compartilhada.

Para compreender verdadeiramente a neurociência da linguagem, precisamos primeiro apreciar quão extraordinária é a capacidade linguística humana. Nenhuma outra espécie possui um sistema de comunicação que se aproxime da complexidade, flexibilidade, e poder expressivo da linguagem humana. Podemos usar um conjunto finito de sons para criar um número infinito de mensagens. Podemos falar sobre coisas que não estão presentes, eventos que nunca aconteceram, conceitos abstratos que existem apenas na mente. Podemos usar linguagem para mentir, criar ficção, fazer poesia, e até mesmo falar sobre a própria linguagem. É como se tivéssemos desenvolvido um código universal que pode representar qualquer aspecto da experiência humana.

O processamento da linguagem no cérebro envolve uma rede distribuída de regiões que trabalham em coordenação extraordinariamente precisa. Quando ouvimos uma palavra falada, o processamento começa no córtex auditivo primário, que analisa as características acústicas básicas do som. Mas em milissegundos, essa informação é transmitida para regiões especializadas que começam a extrair significado linguístico. É como se o cérebro fosse uma fábrica de processamento de linguagem com múltiplas linhas de montagem operando simultaneamente.

A área de Broca, localizada no hemisfério esquerdo da maioria das pessoas, é crucial para a produção da fala e aspectos gramaticais da linguagem. Quando essa região é danificada, as pessoas podem compreender perfeitamente o que ouvem, mas lutam para formar palavras e construir frases gramaticalmente corretas. Elas podem saber exatamente o que querem dizer, mas encontram as portas de saída linguística bloqueadas. É uma demonstração poderosa de como a linguagem pode se fragmentar, revelando os componentes separados que normalmente funcionam como um sistema integrado.

A área de Wernicke, também tipicamente no hemisfério esquerdo, é essencial para a compreensão linguística. Danos nessa região podem resultar numa condição onde a pessoa fala fluentemente, mas as palavras não fazem sentido - como se o significado tivesse se desconectado dos sons. É uma demonstração fascinante de como a linguagem pode se fragmentar de formas diferentes, revelando a modularidade dos sistemas neurais que sustentam a comunicação.

Mas a linguagem não é processada apenas por essas regiões clássicas. Pesquisas modernas revelam que praticamente todo o cérebro está envolvido no processamento linguístico de alguma forma. Regiões visuais processam linguagem escrita. Áreas motoras estão ativas quando pensamos sobre ações descritas em palavras. Centros emocionais respondem ao conteúdo emocional da linguagem. É como se a linguagem fosse uma função cerebral verdadeiramente global que recruta recursos de todo o sistema nervoso.

A aquisição da linguagem na infância revela a extraordinária plasticidade do cérebro jovem. Bebês nascem com a capacidade de distinguir todos os sons linguísticos possíveis, mas gradualmente se especializam nos sons de sua língua nativa. É como se o cérebro infantil fosse um receptor universal que gradualmente se sintoniza com as frequências específicas de sua cultura linguística. Essa especialização permite processamento mais eficiente, mas também explica por que é mais difícil aprender novos sons linguísticos na idade adulta.

O período crítico para aquisição da linguagem - aproximadamente dos primeiros meses até a puberdade - representa uma janela de oportunidade neural única. Durante esse período, o cérebro está especialmente preparado para absorver padrões linguísticos. Crianças expostas a múltiplas línguas durante esse período podem se tornar verdadeiramente bilíngues, desenvolvendo redes neurais separadas mas interconectadas para cada idioma.

O bilinguismo produz mudanças fascinantes na estrutura e função cerebral. Pessoas que falam múltiplas línguas desenvolvem maior densidade de matéria cinzenta em regiões associadas ao controle executivo. Elas também mostram maior flexibilidade cognitiva e podem ter proteção contra declínio cognitivo relacionado à idade. É como se o exercício constante de alternar entre línguas fortalecesse os músculos mentais responsáveis pela atenção e controle cognitivo.

A leitura representa uma conquista cultural relativamente recente que requer a adaptação de circuitos neurais que evoluíram para outras funções. Quando aprendemos a ler, regiões visuais que evoluíram para reconhecer objetos e faces são recrutadas para processar símbolos escritos. É um exemplo elegante de como o cérebro pode reutilizar arquiteturas antigas para funções modernas, demonstrando sua flexibilidade extraordinária.

A dislexia oferece insights únicos sobre como o cérebro processa linguagem escrita. Pessoas com dislexia podem ter diferenças na forma como regiões visuais e auditivas se conectam, afetando a capacidade de associar sons com símbolos escritos. Não é uma questão de inteligência, mas uma diferença na organização neural que pode ser compensada através de estratégias de ensino apropriadas e tecnologias assistivas.

A prosódia - a melodia da fala que inclui ritmo, entonação, e ênfase - é processada principalmente pelo hemisfério direito do cérebro. É através da prosódia que comunicamos emoções, ironia, e nuances de significado que vão além das palavras literais. Quando essa capacidade é perdida devido a lesão cerebral, a fala pode se tornar monótona e robótica, demonstrando como a música da linguagem é tão importante quanto suas palavras.

A linguagem de sinais ativa muitas das mesmas regiões cerebrais que a linguagem falada, revelando que a capacidade linguística humana transcende a modalidade sensorial. Surdos que usam linguagem de sinais desenvolvem as mesmas especializações hemisféricas que ouvintes, sugerindo que o cérebro está organizado para a linguagem em geral, não apenas para a fala. É uma demonstração poderosa da universalidade da capacidade linguística humana.

A metáfora e a linguagem figurativa ativam redes neurais complexas que vão além das regiões tradicionalmente associadas à linguagem. Quando compreendemos uma metáfora como "tempo é dinheiro", nosso cérebro ativa não apenas áreas linguísticas, mas também regiões associadas aos conceitos de tempo e valor. É como se a linguagem figurativa fosse uma ponte neural que conecta domínios conceituais diferentes.

A tradução simultânea representa talvez um dos feitos mais impressionantes do cérebro linguístico. Intérpretes profissionais conseguem ouvir em uma língua enquanto falam em outra, mantendo o significado intacto através dessa transformação complexa. Estudos de neuroimagem mostram que eles desenvolvem conectividade aumentada entre regiões linguísticas e maior eficiência no processamento bilíngue.

A linguagem interior - essa voz silenciosa que ouvimos em nossa mente quando pensamos - ativa muitas das mesmas regiões que a fala externa. É como se tivéssemos uma conversa constante conosco mesmos, usando os mesmos circuitos neurais que usamos para falar com outros. Essa linguagem interior pode ser crucial para o pensamento complexo, planejamento, e autorregulação.

A poesia e a linguagem criativa ativam redes neurais que incluem não apenas regiões linguísticas, mas também áreas associadas à emoção, memória, e imaginação. Quando lemos ou criamos poesia, nosso cérebro se engaja numa dança complexa entre significado literal e figurativo, som e sentido, forma e conteúdo. É como se a linguagem poética fosse uma forma de arte neural que explora todas as possibilidades expressivas do cérebro humano.

A pragmática - nossa capacidade de usar linguagem apropriadamente em contextos sociais - envolve regiões cerebrais associadas à teoria da mente e cognição social. Compreender sarcasmo, ironia, ou humor requer não apenas processamento linguístico, mas também a capacidade de inferir as intenções do falante. É como se a linguagem fosse uma ferramenta social que requer compreensão tanto de palavras quanto de mentes.

Transtornos da linguagem revelam como diferentes aspectos da capacidade linguística podem ser afetados independentemente. A afasia pode afetar produção ou compreensão. A apraxia da fala pode prejudicar a coordenação motora necessária para articulação clara. O transtorno específico da linguagem pode afetar desenvolvimento gramatical. Cada condição oferece insights sobre a organização modular dos sistemas linguísticos.

A tecnologia moderna está criando novas oportunidades e desafios para o processamento linguístico. Mensagens de texto e comunicação digital podem estar alterando como processamos linguagem escrita. Assistentes virtuais estão nos acostumando a falar com máquinas. Tradução automática está mudando como interagimos com línguas estrangeiras. É importante compreender como essas tecnologias podem estar moldando nossos cérebros linguísticos.

A diversidade linguística mundial representa um laboratório natural para compreender a flexibilidade da capacidade linguística humana. Diferentes línguas organizam conceitos de formas diferentes, têm estruturas gramaticais distintas, e podem até mesmo afetar como pensamos sobre tempo, espaço, e cor. É como se cada língua fosse um experimento único em como a mente humana pode categorizar e expressar experiência.

A preservação de línguas ameaçadas não é apenas uma questão cultural, mas também científica. Cada língua que desaparece representa a perda de insights únicos sobre as possibilidades da cognição humana. É como perder espécies biológicas - cada uma representa uma solução evolutiva única que pode conter informações valiosas.

A inteligência artificial está começando a processar linguagem de formas que se aproximam da capacidade humana, mas ainda há diferenças fundamentais. Sistemas de IA podem processar texto e gerar respostas impressionantes, mas podem não compreender significado da mesma forma que humanos. É uma área de pesquisa ativa que pode revelar aspectos únicos da compreensão linguística humana.

Olhando para o futuro, a neurociência da linguagem promete revelar mais sobre como pensamento e linguagem se relacionam, como diferentes línguas podem moldar cognição, e como podemos otimizar educação linguística baseada em princípios neurobiológicos. Imagine terapias de linguagem personalizadas baseadas no perfil neural individual, ou métodos de ensino de línguas que exploram a plasticidade cerebral de formas mais eficazes.

A linguagem também está evoluindo rapidamente na era digital. Novas formas de comunicação - emojis, memes, linguagem de internet - estão criando novos desafios e oportunidades para nossos sistemas de processamento linguístico. É fascinante observar como o cérebro humano se adapta a essas novas formas de expressão.

A neurociência da linguagem nos ensina que a capacidade de comunicar através de símbolos arbitrários é uma das conquistas mais extraordinárias da evolução humana. Cada palavra que falamos, cada frase que compreendemos, cada texto que lemos é um testemunho da sofisticação extraordinária dos sistemas neurais que nos permitem compartilhar pensamentos e criar significado coletivo.

Em última análise, a linguagem é mais do que uma ferramenta de comunicação - é a própria substância através da qual construímos nossa realidade social e cultural. É o meio através do qual conhecimento é transmitido entre gerações, através do qual amor é expresso, através do qual arte é criada. Compreender como o cérebro processa linguagem não diminui sua magia, mas revela a elegância extraordinária dos sistemas neurais que tornam possível essa capacidade mais humana de todas.

A linguagem nos conecta uns aos outros através do tempo e espaço, permitindo que mentes se encontrem em significado compartilhado. É um lembrete poderoso de que, apesar de nossas diferenças individuais, todos compartilhamos essa capacidade extraordinária de transformar pensamento em símbolo, símbolo em som, e som em compreensão. Cada conversa que temos é um milagre neurobiológico que merece nossa admiração e gratidão.

CAPÍTULO 18: ECOS DO SOFRIMENTO - A NEUROBIOLOGIA DA DOR E DA CURA

Há uma experiência humana que é simultaneamente universal e profundamente solitária, que nos conecta em nossa humanidade compartilhada mas que também nos isola em nossa subjetividade individual: a dor. Todos nós a conhecemos intimamente - desde a picada aguda de uma agulha até a dor surda de um coração partido - mas nunca podemos verdadeiramente compartilhar a dor de outra pessoa ou fazer com que alguém sinta exatamente o que sentimos. A dor é, paradoxalmente, tanto um fenômeno biológico objetivo quanto uma experiência subjetiva que resiste à quantificação simples. O que a neurociência moderna revela sobre a dor é surpreendente: ela não é simplesmente um sinal que viaja dos tecidos danificados para o cérebro, mas uma construção complexa criada pela mente, uma experiência que pode existir sem dano tecidual e que pode ser modulada por fatores psicológicos, sociais, e culturais de formas que desafiam nossa compreensão intuitiva.

Para compreender verdadeiramente a neurociência da dor, precisamos primeiro abandonar a noção simplista de que a dor é apenas um alarme biológico que sinaliza dano tecidual. Embora essa função de alarme seja certamente importante, a realidade é muito mais complexa e fascinante. A dor é uma experiência construída pelo cérebro baseada em múltiplas fontes de informação: sinais dos tecidos, memórias passadas, expectativas futuras, contexto emocional, e até mesmo fatores culturais. É como se o cérebro fosse um detetive sofisticado que coleta evidências de múltiplas fontes antes de decidir se deve ou não gerar a experiência consciente que chamamos de dor.

Quando nos machucamos, receptores especializados chamados nociceptores detectam estímulos potencialmente prejudiciais e enviam sinais através da medula espinhal para o cérebro. Mas esses sinais são apenas o começo da história. O cérebro recebe essa informação e a processa através de múltiplas regiões, incluindo o tálamo, o córtex somatossensorial, a ínsula, e o córtex cingulado anterior. Cada região contribui com sua própria interpretação: onde está a dor, quão intensa é, que tipo de sensação é, que significado emocional tem, e que resposta comportamental é apropriada.

Uma das descobertas mais surpreendentes da neurociência da dor é que o cérebro em si não possui receptores de dor. Essa afirmação pode parecer paradoxal, considerando que é no cérebro que experimentamos toda dor, mas é literalmente verdadeira. O cérebro pode ser cortado, queimado, ou estimulado eletricamente sem produzir sensação de dor, razão pela qual cirurgias cerebrais podem ser realizadas com o paciente acordado. A dor que sentimos é uma interpretação sofisticada de sinais que chegam de outras partes do corpo, processados e construídos por redes neurais complexas.

A dor emocional e a dor física compartilham circuitos neurais surpreendentemente similares. Quando experimentamos rejeição social, perda emocional, ou traição, muitas das mesmas regiões cerebrais se ativam como quando sentimos dor física. O córtex cingulado anterior, em particular, responde tanto à dor física quanto à dor emocional. É por isso que dizemos que nosso coração "dói" quando sofremos uma perda, ou que palavras cruéis podem "machucar" tanto quanto ferimentos físicos. O cérebro, aparentemente, não faz uma distinção clara entre diferentes tipos de sofrimento.

Essa sobreposição entre dor física e emocional tem implicações profundas. Pessoas que experimentam dor crônica frequentemente desenvolvem depressão e ansiedade. Conversamente, pessoas com transtornos emocionais podem ser mais sensíveis à dor física. É como se existisse um sistema neural comum de sofrimento que pode ser ativado por múltiplos tipos de estímulos adversos.

A dor crônica revela como o sistema nervoso pode se tornar mal-adaptativo. Quando a dor persiste muito além do tempo necessário para a cura, o próprio sistema nervoso pode se sensibilizar, amplificando sinais normais e interpretando estímulos inócuos como dolorosos. É como se o sistema de alarme do corpo ficasse preso na posição "ligado", continuando a soar mesmo quando não há mais perigo real. Essa sensibilização central pode transformar o sistema de proteção da dor em uma fonte de sofrimento contínuo.

O fenômeno da dor fantasma, experimentado por muitas pessoas que perderam membros, demonstra como a dor pode existir puramente no cérebro. Mesmo sem o membro físico, a pessoa pode sentir dor intensa onde o braço ou perna costumava estar. Isso acontece porque o mapa corporal no cérebro, desenvolvido ao longo de décadas, não desaparece imediatamente após a amputação. É como se o cérebro continuasse a "procurar" pelo membro perdido, interpretando a ausência de sinais como presença de dor.

A capacidade de modular a dor é uma das características mais fascinantes do sistema nervoso humano. Através de mecanismos descendentes, o cérebro pode literalmente "desligar" sinais de dor quando necessário. Soldados feridos em batalha podem não sentir dor até estarem em segurança, atletas podem ignorar lesões durante competições importantes, mães podem suportar a dor do parto com determinação extraordinária. É como se o cérebro tivesse um sistema de controle de volume para a dor, ajustando a intensidade baseado no contexto e na necessidade.

Esse sistema de modulação da dor envolve a liberação de opioides endógenos - os analgésicos naturais do corpo. Endorfinas, encefalinas, e outros compostos podem ser liberados em resposta ao estresse, exercício, ou até mesmo expectativas positivas. É como se tivéssemos uma farmácia interna capaz de produzir alívio da dor quando necessário.

A atenção desempenha um papel crucial na experiência da dor. Quando focamos intensamente na dor, ela tende a se intensificar. Quando nossa atenção está direcionada para outras coisas, a dor pode diminuir significativamente. É por isso que técnicas de distração podem ser eficazes para o manejo da dor, e por que a preocupação excessiva com sintomas pode amplificá-los. É como se a dor competisse com outros estímulos pela atenção consciente, e quanto mais atenção recebe, mais poderosa se torna.

O placebo representa um dos exemplos mais poderosos de como a mente pode influenciar a experiência da dor. Quando acreditamos que estamos recebendo um tratamento eficaz, nosso cérebro pode produzir alívio real da dor através da liberação de endorfinas naturais e ativação de circuitos de modulação descendente. Não é "apenas psicológico" no sentido de ser imaginário; é uma mudança real na química cerebral desencadeada pela expectativa. É como se a esperança tivesse seu próprio poder curativo neurobiológico.

O efeito placebo na dor pode ser tão poderoso que pode rivalizar com medicamentos reais. Estudos mostram que placebos podem ativar as mesmas regiões cerebrais que opioides farmacológicos, produzindo alívio mensurável da dor. Isso não significa que a dor era "falsa", mas que o cérebro tem capacidades intrínsecas de alívio da dor que podem ser ativadas por fatores psicológicos.

A meditação e outras práticas de mindfulness podem alterar fundamentalmente como experimentamos a dor. Praticantes experientes de meditação mostram menor ativação em regiões cerebrais associadas ao aspecto emocional da dor, mesmo quando a intensidade sensorial permanece a mesma. É como aprender a observar a dor sem se identificar completamente com ela, criando um espaço entre o observador e a experiência observada.

Estudos de neuroimagem de meditadores durante experiências dolorosas revelam padrões fascinantes. Embora regiões sensoriais possam mostrar ativação normal, áreas associadas à avaliação emocional da dor podem mostrar atividade reduzida. É como se a meditação ensinasse o cérebro a processar informação sensorial sem automaticamente interpretá-la como sofrimento.

A cultura influencia significativamente como experimentamos e expressamos dor. Diferentes sociedades têm normas distintas sobre quando é apropriado expressar dor, quanta dor é "normal", e que tipos de dor merecem atenção médica. Essas expectativas culturais podem literalmente alterar a experiência neurológica da dor, demonstrando como fatores sociais se entrelaçam com processos biológicos.

Em algumas culturas, a expressão aberta de dor é encorajada e vista como natural. Em outras, estoicismo e tolerância à dor são valorizados. Essas diferenças culturais podem afetar não apenas como as pessoas relatam dor, mas como seus cérebros realmente a processam. É um exemplo poderoso de como fatores sociais podem moldar experiências neurobiológicas básicas.

O gênero também influencia a experiência da dor de formas complexas. Mulheres, em média, relatam maior sensibilidade à dor e maior prevalência de condições de dor crônica. Mas essas diferenças podem refletir tanto fatores biológicos (como diferenças hormonais) quanto fatores sociais (como diferentes expectativas sobre expressão de dor). É importante evitar estereótipos enquanto reconhecemos que pode haver diferenças reais que requerem abordagens de tratamento diferenciadas.

O tratamento da dor crônica frequentemente requer uma abordagem multidisciplinar que reconhece tanto os aspectos físicos quanto os psicológicos da experiência dolorosa. Medicamentos podem ajudar a modular sinais neurais, enquanto terapias psicológicas podem ensinar estratégias de enfrentamento e alterar padrões de pensamento que amplificam a dor. Fisioterapia pode abordar aspectos mecânicos, enquanto técnicas de relaxamento podem ativar sistemas naturais de modulação da dor.

A terapia cognitivo-comportamental para dor crônica trabalha para identificar e modificar padrões de pensamento que podem amplificar a experiência dolorosa. Pensamentos catastróficos sobre dor - como "essa dor nunca vai melhorar" ou "não consigo suportar isso" - podem literalmente intensificar a experiência neural da dor. Aprender a reconhecer e desafiar esses pensamentos pode reduzir tanto o sofrimento emocional quanto a intensidade da dor.

A acupuntura, uma prática milenar, está sendo validada por estudos neurocientíficos modernos. A inserção de agulhas em pontos específicos pode ativar sistemas endógenos de modulação da dor, liberando endorfinas e outros neurotransmissores analgésicos. É fascinante como uma prática tradicional pode ter bases neurobiológicas que estamos apenas começando a compreender completamente.

O exercício regular pode ser um dos tratamentos mais eficazes para muitos tipos de dor crônica. O exercício libera endorfinas naturais, melhora o humor, fortalece músculos que podem apoiar áreas dolorosas, e pode até mesmo promover neuroplasticidade que ajuda o cérebro a processar dor de forma mais adaptativa. É como se o movimento fosse um medicamento natural para a dor.

A pesquisa sobre dor também está revelando diferenças individuais fascinantes na sensibilidade dolorosa. Algumas pessoas nascem com mutações genéticas que as tornam insensíveis à dor, uma condição que pode parecer vantajosa, mas que na verdade é perigosa porque a dor serve como um sistema de alerta crucial. Outras pessoas podem ser hipersensíveis à dor devido a variações genéticas ou experiências de vida.

A síndrome de insensibilidade congênita à dor revela quão importante é a capacidade de sentir dor. Crianças com essa condição podem se machucar gravemente sem perceber, podem não notar infecções ou lesões, e frequentemente têm expectativa de vida reduzida. É um lembrete poderoso de que, embora a dor seja desagradável, ela serve uma função vital de proteção.

Tecnologias emergentes estão criando novas possibilidades para o tratamento da dor. Estimulação cerebral não invasiva pode modular atividade em regiões específicas envolvidas no processamento da dor. Realidade virtual pode fornecer distração imersiva que reduz a percepção da dor. Aplicativos de smartphone podem ensinar técnicas de manejo da dor e fornecer suporte contínuo.

A medicina personalizada está começando a informar o tratamento da dor. Testes genéticos podem predizer quais medicamentos são mais prováveis de funcionar para indivíduos específicos. Biomarcadores podem ajudar a identificar diferentes subtipos de dor crônica que podem responder a tratamentos diferentes.

Olhando para o futuro, nossa compreensão crescente da neurobiologia da dor promete tratamentos mais eficazes e personalizados. Imagine terapias que podem ser adaptadas ao perfil neurológico específico de cada pessoa, ou intervenções que podem prevenir a transição de dor aguda para dor crônica.

Mas talvez a descoberta mais importante da neurociência da dor seja que compreender seus mecanismos pode nos dar poder sobre ela. Quando entendemos que a dor é uma construção do cérebro, não apenas um reflexo passivo de dano tecidual, podemos começar a influenciar essa construção através de nossas ações, pensamentos, e práticas.

A dor nos ensina lições importantes sobre a natureza da experiência humana. Revela como nossa biologia e psicologia estão inextricavelmente entrelaçadas, como fatores sociais e culturais podem influenciar experiências aparentemente básicas, e como a mente tem poderes de cura que estamos apenas começando a compreender.

Em última análise, a neurociência da dor nos oferece tanto humildade quanto esperança. Humildade porque revela quão complexa e subjetiva é a experiência da dor, lembrando-nos de abordar o sofrimento dos outros com compaixão e sem julgamento. Esperança porque demonstra que temos mais controle sobre nossa experiência da dor do que anteriormente pensávamos, e que o alívio pode vir não apenas de medicamentos, mas de nossa própria capacidade de influenciar como nosso cérebro constrói a experiência dolorosa.

Cada pessoa que aprende a gerenciar dor crônica, cada paciente que encontra alívio através de técnicas mente-corpo, cada indivíduo que descobre que pode influenciar sua própria experiência de sofrimento é um testemunho do poder extraordinário da mente humana de transcender limitações aparentes e encontrar caminhos para a cura e o bem-estar.

CAPÍTULO 19: TRIBUNAIS DA MENTE - NEUROCIÊNCIA FORENSE E RESPONSABILIDADE

Imagine estar num tribunal onde o destino de uma pessoa está sendo decidido, e entre as evidências apresentadas estão imagens coloridas do cérebro do acusado, mostrando padrões de ativação neural que supostamente explicam por que ele cometeu um crime. Ou considere um caso onde um advogado de defesa argumenta que seu cliente não pode ser considerado totalmente responsável por suas ações porque possui uma lesão no córtex pré-frontal que afeta o julgamento moral. Essas não são cenários de ficção científica, mas realidades emergentes nos tribunais modernos, onde a neurociência está começando a influenciar como pensamos sobre culpa, responsabilidade, e justiça. A intersecção entre neurociência e sistema legal levanta questões profundas sobre livre arbítrio, determinismo, e a própria natureza da responsabilidade moral.

A neurociência forense representa uma das aplicações mais controversas e fascinantes da pesquisa cerebral moderna. Ela promete insights sobre comportamento criminal, capacidade mental, e tomada de decisões morais, mas também levanta questões éticas complexas sobre privacidade, determinismo biológico, e os limites da responsabilidade pessoal. É como se estivéssemos abrindo uma caixa de Pandora neurológica, revelando aspectos da mente humana que podem desafiar nossas noções fundamentais de justiça e moralidade.

Para compreender as implicações da neurociência forense, precisamos primeiro examinar como o cérebro processa decisões morais. Quando enfrentamos dilemas éticos, múltiplas regiões cerebrais entram em ação numa dança neural complexa. O córtex pré-frontal ventromedial avalia consequências emocionais e sociais. O córtex pré-frontal dorsolateral aplica raciocínio lógico e regras abstratas. A amígdala responde emocionalmente a situações moralmente salientes. A junção temporoparietal está envolvida na teoria da mente - nossa capacidade de compreender as intenções e estados mentais dos outros.

Estudos de neuroimagem revelam que pessoas com diferentes orientações morais podem mostrar padrões distintos de ativação cerebral quando confrontadas com dilemas éticos. Liberais e conservadores, por exemplo, podem ativar diferentes regiões quando pensam sobre questões como justiça, autoridade, e pureza moral. É como se diferentes filosofias morais tivessem suas próprias assinaturas neurais, sugerindo que nossas convicções éticas mais profundas podem ter bases neurobiológicas.

O caso de Phineas Gage, um trabalhador ferroviário do século XIX que sobreviveu a um acidente que danificou seu córtex pré-frontal, continua a informar nossa compreensão da neurobiologia moral. Após o acidente, Gage supostamente se tornou impulsivo, irresponsável, e incapaz de tomar decisões morais apropriadas. Embora os detalhes de sua história tenham sido exagerados ao longo do tempo, o caso ilustra como danos cerebrais podem afetar profundamente a personalidade e o julgamento moral.

Casos modernos de pessoas com lesões no córtex pré-frontal ventromedial mostram padrões similares. Esses indivíduos podem manter inteligência normal e conhecimento de regras morais, mas podem ter dificuldade em aplicar esse conhecimento em situações da vida real. É como se soubessem intelectualmente o que é certo e errado, mas perdessem a capacidade emocional de se importar com as consequências morais de suas ações.

A psicopatia oferece outro exemplo fascinante de como diferenças neurobiológicas podem afetar comportamento moral. Pessoas com psicopatia frequentemente mostram atividade reduzida na amígdala e outras regiões límbicas, o que pode contribuir para sua falta de empatia e remorso. Elas podem compreender regras morais cognitivamente, mas não as sentem emocionalmente. É como se fossem daltônicas morais, capazes de ver as regras mas incapazes de experimentar sua força emocional.

Mas é crucial evitar determinismo neurobiológico simplista. Ter certas características cerebrais não determina inevitavelmente comportamento criminal. Muitas pessoas com lesões cerebrais ou traços psicopáticos nunca cometem crimes. O comportamento emerge da interação complexa entre biologia, experiência, ambiente, e escolha. É como se o cérebro fornecesse as tendências, mas o contexto e a decisão individual determinassem o resultado final.

A questão do livre arbítrio está no coração de muitos debates sobre neurociência forense. Se nossas decisões são produto de processos neurais determinísticos, em que medida somos verdadeiramente responsáveis por nossas ações? Experimentos famosos de Benjamin Libet mostraram que a atividade cerebral associada a uma decisão pode começar centenas de milissegundos antes de nos tornarmos conscientemente cientes da decisão. Isso sugere que o que experimentamos como "escolha livre" pode ser na verdade a racionalização consciente de processos inconscientes.

Mas outros pesquisadores argumentam que esses experimentos se aplicam apenas a decisões simples e arbitrárias, não às escolhas morais complexas que são relevantes para questões legais. Além disso, mesmo que nossas decisões sejam influenciadas por processos inconscientes, isso não elimina necessariamente a responsabilidade moral. É como reconhecer que nossos pensamentos são produtos de processos cerebrais sem concluir que somos apenas robôs biológicos.

A detecção de mentiras baseada em neuroimagem representa uma das aplicações mais controversas da neurociência forense. Técnicas como fMRI podem detectar padrões de ativação cerebral associados à mentira, mas sua precisão e aplicabilidade em contextos legais permanecem questionáveis. O cérebro de cada pessoa é único, e fatores como ansiedade, medicamentos, ou condições neurológicas podem afetar os resultados.

Além disso, a detecção neural de mentiras levanta questões profundas sobre privacidade mental e autoincriminação. Se podemos ler pensamentos diretamente do cérebro, isso viola o direito de permanecer em silêncio? É como ter acesso direto aos pensamentos mais íntimos de uma pessoa, uma capacidade que pode ser tanto poderosa quanto perigosa.

A avaliação de competência mental para julgamento é outra área onde a neurociência pode ter aplicações forenses. Para ser julgado, um acusado deve compreender as acusações contra ele e ser capaz de assistir em sua própria defesa. Neuroimagem pode potencialmente fornecer evidências objetivas sobre capacidades cognitivas, mas também levanta questões sobre quem decide o que constitui competência mental adequada.

Transtornos mentais como esquizofrenia, transtorno bipolar, ou demência podem afetar significativamente a capacidade de uma pessoa de formar intenção criminal ou compreender a natureza de suas ações. A neurociência pode ajudar a objetivar essas avaliações, mas também pode levar à estigmatização de pessoas com transtornos mentais como inerentemente perigosas ou irresponsáveis.

A questão da responsabilidade diminuída devido a fatores neurobiológicos é particularmente complexa. Se alguém comete um crime devido a um tumor cerebral que afeta julgamento, devem ser considerados menos responsáveis do que alguém com um cérebro "normal"? Mas então, que cérebro é verdadeiramente "normal"? Todos nós temos variações neurobiológicas que influenciam nosso comportamento de alguma forma.

A neurociência também está sendo aplicada à avaliação de risco de reincidência. Algoritmos que incorporam dados neurobiológicos podem tentar prever quais criminosos são mais prováveis de cometer crimes novamente. Mas isso levanta questões sobre justiça preditiva e se devemos punir pessoas por crimes que ainda não cometeram baseado em suas características cerebrais.

A reabilitação criminal pode se beneficiar de insights neurocientíficos. Se compreendemos os déficits neurológicos que contribuem para comportamento criminal, podemos desenvolver intervenções mais eficazes. Programas que visam melhorar controle de impulsos, empatia, ou tomada de decisões podem ser mais eficazes do que punição pura.

Mas a aplicação da neurociência à reabilitação também levanta questões éticas. É apropriado tentar "reprogramar" o cérebro de criminosos? Onde traçamos a linha entre tratamento e controle mental? É como ter o poder de alterar a personalidade, uma capacidade que requer consideração ética cuidadosa.

A neurociência forense também tem implicações para vítimas de crimes. Compreender como trauma afeta o cérebro pode informar tanto tratamento quanto procedimentos legais. Vítimas de trauma podem ter dificuldades com memória ou podem responder de formas que parecem inconsistentes, mas que na verdade refletem respostas neurobiológicas normais ao estresse extremo.

A memória de testemunhas oculares, crucial em muitos casos legais, está sendo reexaminada à luz de descobertas neurocientíficas. Sabemos agora que a memória não é como uma gravação de vídeo, mas uma reconstrução ativa que pode ser influenciada por múltiplos fatores. Cada vez que lembramos de algo, potencialmente alteramos a memória, tornando testemunhos oculares menos confiáveis do que tradicionalmente assumido.

A neurociência do desenvolvimento tem implicações importantes para o sistema de justiça juvenil. O córtex pré-frontal, crucial para controle de impulsos e tomada de decisões, não está totalmente desenvolvido até os vinte e poucos anos. Isso sugere que adolescentes podem ser menos capazes de controlar impulsos ou considerar consequências a longo prazo, apoiando argumentos para tratamento diferenciado de jovens infratores.

A influência de substâncias no cérebro também é relevante para questões forenses. Álcool, drogas, e até mesmo certos medicamentos podem afetar julgamento, controle de impulsos, e formação de memórias. Compreender esses efeitos neurobiológicos pode informar questões sobre responsabilidade criminal e capacidade mental.

A neurociência forense também levanta questões sobre igualdade e justiça. Se apenas alguns acusados têm acesso a avaliações neurobiológicas caras, isso pode criar disparidades no sistema legal. Além disso, se certas características cerebrais são mais comuns em certos grupos demográficos, isso pode levar a viés sistemático.

A educação de juízes, advogados, e jurados sobre neurociência é crucial para sua aplicação apropriada em contextos legais. Imagens cerebrais coloridas podem ser persuasivas, mas podem também ser mal interpretadas ou supervalorizadas. É importante que profissionais legais compreendam tanto as capacidades quanto as limitações da evidência neurocientífica.

Olhando para o futuro, a neurociência forense provavelmente se tornará mais sofisticada e prevalente. Técnicas de neuroimagem mais avançadas, melhor compreensão da relação cérebro-comportamento, e algoritmos de inteligência artificial podem tornar as aplicações forenses mais precisas e úteis.

Mas com esse poder vem responsabilidade. Precisamos desenvolver diretrizes éticas claras para o uso de evidência neurocientífica em contextos legais. Precisamos proteger direitos de privacidade mental enquanto permitimos aplicações benéficas da tecnologia. Precisamos evitar determinismo biológico enquanto reconhecemos influências neurobiológicas legítimas no comportamento.

A neurociência forense nos força a confrontar questões fundamentais sobre natureza humana, responsabilidade moral, e justiça social. Ela desafia nossas noções intuitivas sobre livre arbítrio e culpabilidade, mas também oferece oportunidades para um sistema de justiça mais informado e compassivo.

Em última análise, a neurociência forense nos lembra que por trás de cada crime há um cérebro humano com sua própria história, suas próprias vulnerabilidades, e suas próprias possibilidades de mudança. Isso não elimina a responsabilidade pessoal ou a necessidade de justiça, mas adiciona nuances importantes à nossa compreensão do comportamento humano e nossas respostas a ele.

A aplicação sábia da neurociência ao sistema legal requer equilibrar insights científicos com valores humanos, evidência objetiva com julgamento moral, e determinismo biológico com responsabilidade pessoal. É um desafio complexo que exigirá colaboração contínua entre neurocientistas, profissionais legais, filósofos, e sociedade como um todo.

Cada caso onde a neurociência informa decisões legais é uma oportunidade de criar um sistema de justiça mais informado, mais compassivo, e mais eficaz. É também um lembrete de que, mesmo quando compreendemos os mecanismos neurais do comportamento, ainda enfrentamos escolhas morais complexas sobre como responder a esse conhecimento de formas que promovem tanto justiça quanto humanidade.

CAPÍTULO 20: ESPELHOS E MIRAGENS - SEPARANDO MITOS DE VERDADES SOBRE O CÉREBRO

Há algo profundamente irônico na relação que temos com nosso próprio cérebro: o órgão que usamos para compreender o mundo é também o órgão sobre o qual mantemos algumas das concepções mais equivocadas. Mitos sobre o cérebro permeiam nossa cultura popular, desde a crença persistente de que usamos apenas 10% de nossa capacidade cerebral até a noção de que somos dominados pelo "cérebro esquerdo" ou "cérebro direito". Essas ideias, embora frequentemente bem-intencionadas, podem distorcer nossa compreensão da neurociência real e criar expectativas irrealistas sobre o potencial humano. À medida que chegamos ao final desta jornada através dos territórios da mente, é apropriado examinar essas concepções errôneas e contrastá-las com o que a ciência realmente nos ensina sobre o órgão mais complexo e fascinante do universo conhecido.

O mito mais persistente e amplamente difundido sobre o cérebro é a afirmação de que usamos apenas 10% de nossa capacidade cerebral. Essa ideia sedutora sugere que temos vastos reservatórios de potencial não explorado, esperando para ser desbloqueados através de técnicas especiais ou treinamento. É uma noção que alimenta indústrias inteiras de autoajuda e promete transformações milagrosas da capacidade humana. Mas a realidade neurobiológica é muito diferente e, de muitas formas, ainda mais extraordinária do que o mito sugere.

A evidência contra o mito dos 10% é esmagadora e vem de

múltiplas fontes. Estudos de neuroimagem mostram que mesmo durante tarefas simples, muito mais de 10% do cérebro está ativo. Durante o sono, quando poderíamos esperar atividade mínima, o cérebro continua consumindo cerca de 20% de toda a energia do corpo. Lesões cerebrais em qualquer região, não importa quão pequena, produzem déficits detectáveis, sugerindo que toda parte do cérebro tem função importante. É como se cada região cerebral fosse um instrumento essencial numa orquestra - remover qualquer um afeta a sinfonia total.

A origem deste mito pode ser rastreada a mal-entendidos sobre declarações de psicólogos do início do século XX, que sugeriam que a maioria das pessoas não atinge seu potencial intelectual completo. Essa observação válida sobre desenvolvimento pessoal foi distorcida ao longo do tempo numa afirmação pseudocientífica sobre utilização cerebral. É um exemplo de como ideias científicas legítimas podem ser transformadas em mitos através de simplificação excessiva e wishful thinking.

Outro mito prevalente é a noção de que pessoas são dominadas pelo "cérebro esquerdo" ou "cérebro direito", com o hemisfério esquerdo sendo analítico e lógico, e o direito sendo criativo e intuitivo. Embora seja verdade que os hemisférios cerebrais tenham algumas especializações - linguagem é tipicamente processada principalmente no hemisfério esquerdo, enquanto processamento espacial pode ser mais lateralizado para a direita - a realidade é muito mais nuançada do que essa dicotomia sugere.

Estudos modernos de neuroimagem revelam que praticamente todas as funções cognitivas complexas envolvem ambos os hemisférios trabalhando em coordenação. Criatividade, por exemplo, não é uma função exclusiva do hemisfério direito, mas emerge da interação dinâmica entre múltiplas redes neurais distribuídas por todo o cérebro. É como tentar atribuir uma sinfonia a apenas metade da orquestra - tecnicamente possível identificar contribuições específicas, mas a magia emerge da colaboração total.

O mito do cérebro esquerdo/direito pode ser particularmente prejudicial porque pode levar pessoas a acreditar que têm limitações inerentes em certas áreas. Alguém que se identifica como "pessoa do cérebro direito" pode evitar matemática ou ciência, enquanto uma "pessoa do cérebro esquerdo" pode se afastar de atividades artísticas. Na realidade, todos nós temos o potencial de desenvolver uma ampla gama de habilidades através de prática e educação apropriadas.

A ideia de que temos apenas cinco sentidos é outro equívoco comum que subestima a sofisticação do sistema sensorial humano. Além dos cinco sentidos clássicos - visão, audição, olfato, paladar, e tato - temos múltiplos sistemas sensoriais adicionais. A propriocepção nos permite saber onde nossos membros estão no espaço sem olhar. O sistema vestibular nos dá senso de equilíbrio e orientação espacial. Temos receptores para temperatura, dor, pressão, e até mesmo campos magnéticos. É como descobrir que temos instrumentos sensoriais que nem sabíamos que possuíamos.

O mito de que neurônios não se regeneram no cérebro adulto foi uma crença científica dominante por décadas, mas foi dramaticamente revisado pela descoberta da neurogênese adulta. Embora seja verdade que a maioria dos neurônios cerebrais não se regenera após lesão, certas regiões como o hipocampo continuam produzindo novos neurônios ao longo da vida. Além disso, a neuroplasticidade - a capacidade do cérebro de formar novas conexões e reorganizar circuitos - continua robusta na idade adulta.

Essa descoberta tem implicações profundas para nossa compreensão do potencial humano e recuperação de lesões cerebrais. Não estamos presos às configurações neurais que tínhamos aos 25 anos; podemos continuar aprendendo, adaptando, e até mesmo recuperando função após danos cerebrais através de reabilitação apropriada. É como descobrir que nosso cérebro é mais como um jardim que pode continuar crescendo do que como uma máquina fixa que apenas se deteriora com o tempo.

O mito de que álcool mata células cerebrais, embora contenha um grão de verdade, é frequentemente exagerado. Consumo excessivo crônico de álcool pode certamente danificar o cérebro, mas consumo moderado não necessariamente mata neurônios em massa. O álcool pode afetar conexões entre neurônios e pode prejudicar função cerebral temporariamente, mas o cérebro tem capacidades notáveis de recuperação quando o consumo excessivo para.

A crença de que ouvir música clássica torna bebês mais inteligentes - o famoso "efeito Mozart" - é outro mito que foi amplamente desmascarado. Embora exposição à música possa ter benefícios para desenvolvimento cerebral, não há evidência de que Mozart especificamente, ou música clássica em geral, tenha efeitos únicos na inteligência. O que importa mais é exposição rica a múltiplos tipos de estímulos sensoriais e cognitivos.

O mito de que memória funciona como uma gravação de vídeo, armazenando eventos exatamente como aconteceram, é particularmente problemático porque pode afetar sistemas legais e terapêuticos. Na realidade, memória é um processo reconstrutivo ativo que pode ser influenciado por múltiplos fatores. Cada vez que lembramos de algo, potencialmente alteramos a memória. Memórias podem ser distorcidas por emoções, expectativas, e informações subsequentes.

A noção de que pessoas têm "estilos de aprendizagem" fixos - visual, auditivo, ou cinestésico - é outro mito educacional persistente. Embora pessoas possam ter preferências sobre como recebem informação, não há evidência científica sólida de que ensinar de acordo com estilos de aprendizagem preferidos melhora resultados educacionais. O que importa mais é usar métodos de ensino apropriados para o conteúdo específico sendo ensinado.

O mito de que podemos "treinar o cérebro" através de jogos específicos para melhorar inteligência geral é outro equívoco comum. Embora praticar tarefas específicas possa melhorar performance nessas tarefas, há pouca evidência de que isso se transfere para melhoria cognitiva geral. É como treinar para correr maratonas - você ficará melhor em correr, mas isso não necessariamente o tornará melhor em natação ou ciclismo.

A crença de que suplementos ou "alimentos para o cérebro" podem dramaticamente melhorar função cognitiva é frequentemente exagerada. Embora nutrição adequada seja importante para saúde cerebral, não há pílulas mágicas que possam transformar capacidade intelectual. Uma dieta equilibrada, exercício regular, sono adequado, e estimulação mental são mais importantes do que qualquer suplemento específico.

O mito de que pessoas criativas são inerentemente desorganizadas ou mentalmente instáveis reflete estereótipos culturais mais do que realidade científica. Embora alguns indivíduos criativos possam ter transtornos mentais, a vasta maioria das pessoas criativas são mentalmente saudáveis. Criatividade é uma capacidade humana normal que pode ser cultivada através de prática e ambiente apropriado.

A ideia de que inteligência é fixa e imutável é outro mito prejudicial que pode limitar potencial humano. Pesquisas sobre "mindset de crescimento" mostram que acreditar na capacidade de melhorar através de esforço pode levar a melhores resultados acadêmicos e profissionais. O cérebro é extraordinariamente plástico, e capacidades cognitivas podem ser desenvolvidas ao longo da vida.

O mito de que tecnologia está "rewirando" nossos cérebros de formas fundamentalmente prejudiciais reflete ansiedades sobre mudança social mais do que evidência científica sólida. Embora tecnologia certamente influencie como usamos nossos cérebros, isso não é necessariamente prejudicial. O cérebro humano sempre se adaptou a novas tecnologias, desde a escrita até a imprensa até computadores.

A crença de que meditação ou práticas espirituais podem dar

acesso a capacidades sobrenaturais não é apoiada por evidência científica. Embora essas práticas possam ter benefícios reais para saúde mental e bem-estar, elas trabalham através de mecanismos neurobiológicos naturais, não através de poderes místicos. É importante apreciar os benefícios reais sem recorrer a explicações sobrenaturais.

O mito de que pessoas mais velhas não podem aprender coisas novas é contradito por evidência abundante de neuroplasticidade ao longo da vida. Embora algumas capacidades cognitivas possam declinar com a idade, o cérebro mantém capacidade notável de adaptação e aprendizado. Muitas pessoas fazem suas maiores contribuições criativas em idades avançadas.

A noção de que podemos ler mentes ou detectar mentiras com precisão através de linguagem corporal ou expressões faciais é frequentemente exagerada. Embora possamos detectar algumas pistas sobre estados emocionais, a interpretação de comportamento não verbal é muito menos precisa do que frequentemente retratada na mídia popular.

Separar mitos de verdades sobre o cérebro é importante não apenas para precisão científica, mas também para maximizar potencial humano. Quando acreditamos em limitações falsas, podemos inadvertidamente nos restringir. Quando temos expectativas irrealistas, podemos nos decepcionar desnecessariamente. A verdade sobre o cérebro é simultaneamente mais humilde e mais inspiradora do que muitos mitos sugerem.

A realidade é que o cérebro humano é extraordinariamente complexo, adaptável, e capaz. Não precisamos de mitos para torná-lo impressionante - ele já é a estrutura mais complexa conhecida no universo. Cada cérebro humano contém aproximadamente 86 bilhões de neurônios, cada um conectado a milhares de outros, criando uma rede de complexidade que rivaliza com qualquer sistema conhecido.

Compreender a verdade sobre o cérebro nos permite fazer escolhas mais informadas sobre educação, saúde, e desenvolvimento pessoal. Nos permite apreciar tanto nossas capacidades quanto nossas limitações. Nos ajuda a desenvolver expectativas realistas sobre o que é possível e o que requer trabalho árduo.

Em última análise, a verdade sobre o cérebro é mais fascinante do que qualquer mito. É um órgão que pode contemplar sua própria existência, criar arte sublime, resolver problemas complexos, e experimentar amor profundo. É capaz de mudança e crescimento ao longo da vida. É simultaneamente robusto e delicado, poderoso e vulnerável.

Cada descoberta neurocientífica real nos aproxima mais de compreender quem somos como seres humanos. Cada mito desmascarado nos liberta de limitações falsas e nos permite explorar nosso verdadeiro potencial. A jornada de compreender o cérebro é também uma jornada de compreender a nós mesmos - não como gostaríamos de ser, mas como realmente somos, em toda nossa complexidade extraordinária e humanidade compartilhada.

O cérebro humano não precisa de exageros ou mistificação para ser impressionante. Sua realidade científica é suficientemente maravilhosa para inspirar admiração, humildade, e um senso profundo de responsabilidade por cuidar bem deste órgão extraordinário que torna possível toda experiência humana. Cada mente que compreende melhor sua própria natureza é uma vitória para a ciência, para a educação, e para o potencial humano de crescimento e autodescoberta.